〈砂場〉と子ども

笠間　浩幸　著

東洋館出版社

はじめに

山をつくり、トンネルが掘られ、道路が走り、川が流れる。
子どもは天地の創造者であり、また、街を壊してあるく怪獣でもある。
容器で型どられた砂の固まり。大好きなプリンやケーキになってパーティーが始まる。
手のひらや腕には、払っても払っても落ちない砂粒がくっついている。
白っぽいのや、黒っぽいもの、透明なものもあれば、キラキラと輝いているのもある。

〈砂場〉での遊びは、誰しも幼い頃の思い出として少しは記憶に残っていることでしょう。なかには、幼稚園では決まって〈砂場〉で遊び、そこが一番のお気に入りだったという人も少なくないようです。

〈砂場〉では年齢の低い子どもでも、長時間集中して遊ぶことができます。また、年長児ともなれば協力しあって〈砂場〉いっぱいに大がかりな遊びを展開するようにもなります。また、幼稚園や保育園での生活になじめなかった子どもが、〈砂場〉での遊びをきっかけとして喜んで通園するようになったという話もよく聞きます。一体、〈砂場〉の何がそれほどまでに子どもたちの心をひきつけるのでしょうか。

数々の子どもの遊び場づくりを手がけてきた仙田満氏は、『子どもとあそび』（岩波新書）のなかで〈砂場〉について次のように語っています。

私は砂場はどんな遊具よりも優れていると思う。……そんな砂場に匹敵する遊具をつくってみたいと二〇代のころ私は考えた。しかし、三〇年近くたった今も私はまだそのような遊具をつくることができない。（一〇〜一一ページ）

〈砂場〉で夢中になって遊んでいる子どもを見るならば、このことばは謙遜や誇張ばかりでなく真実を突いているように思われます。〈砂場〉はそれほどまでに子どもの心をとらえ、子どもの遊びを発展させてくれる遊び場なのです。

ところが今日、子どもと〈砂場〉の関係は必ずしもいい状態ばかりではありません。たとえば、犬や猫などの排泄物で〈砂場〉が汚染され、親たちが子どもを〈砂場〉から遠ざけようとする動きがあちこちで見られるようになりました。

あるいはまた、子どもが砂や土で汚れることを極端に嫌がったり、砂遊びよりももっとふさわしい遊びがあるだろうと〈砂場〉での遊びをやめさせる大人たちも増えているように思われます。わたしがある研究会で聞いた話では、子どもや園舎が汚れることをきらって〈砂場〉での遊びを禁止した保育園まであるということでした。

幼い子どもの保育に一番身近な人がそんな考えをもっているということにわたしは驚き、悲しい思いになりました。今の子どもたちは砂遊びも思う存分することができない、たいへん困った状況に追い込まれているのです。

しかし、そうは言っても、砂遊びが子どもにとって本当に大事であり、〈砂場〉はなくてはならない遊び場である、ということを断言するにはなかなか勇気がいることかもしれません。たしかに子どもが〈砂場〉で夢中になることはわかっていても、それが本当にかけがえのない遊び場なのか、また、安全面の危険をおかしてまで子どもにさせなくてはならない遊びなのかと考えると、多くのお母さんたちも二の足を踏んでしまいます。そして結果として子どもたちを〈砂場〉から遠ざけるという選択をしてしまっているのです。

本来、〈砂場〉とは子どもにとってどのような遊び場なのか。わたしはこの本のなかでこのことを徹底的に考えてみたいと思います。その方法として、子どもたちの砂遊びに注目することはもちろんですが、もう一つちょっと違った視点として、〈砂場〉という遊び場がどのようにして子どもにとって当たり前の遊び場となってきたのか、その歴史を通しても考えてみようと思います。

このようなことを思い立った理由というのは、わたしの娘が三歳のとき、〈砂場〉での遊びに一時間以上も夢中になっている姿を見て、〈砂場〉という遊び場の「すごさ」を感じたことに始まります。それまで、何かと親に遊んでもらうことをせがんでばかりいた子どもが、この時だけは自分の力でどんどん遊びを発展させていました。

ちょうどそのとき、あとからやってきた小学生の女の子たちが〈砂場〉に大きな穴を掘り始めました。〈砂場〉の底はどうなっているのだろうということでしたが、それはわたしにとっても同じように不思議なことでした。そこでわたしも子どもたちと一緒になって小さなスコップで穴を掘り始めました。

程なく、〈砂場〉の底と思われるコンクリート面がガチッという音とともに現れました。それはわたしの肩から指先ほどの深さです。大阪での夏の夕方のことでしたが、外気の熱が底面のコンクリートにまで伝わって暖かくなっていたことがとても印象的でした。そして、この時初めて、わたしは〈砂場〉という遊び場の「構造」を知ったのです。

団地の公園の小さな〈砂場〉ではありましたが、それでもこれだけの遊具を備えるというのは、少なからぬ労力と費用のかかることでしょう。にもかかわらず、わざわざ子どものためにこのような遊び場がつくられているということにわたしは感動しました。そして何よりも、娘の遊ぶ姿を見ていて、〈砂場〉を最初に創った人物というのは子どもの遊びに対する鋭い目の持ち主であったに違いない、ということをわたしはひとり確信しました。

この時から、〈砂場〉は一体いつ、どこで、誰が最初につくったのかということが気になり始め、〈砂場〉の歴史をたどることにしました。でも最初のうちは、わたしが〈砂場〉の歴史ということばを発するたびに「もともと子どもというのは砂遊びが好きで、砂浜や河原で遊んでいたに違いない。そう考えるならば、〈砂場〉の歴史というのは、そのまま子どもの歴史であって、とりたてて探るべき歴史などはない」と多くの人たちが言いました。

たしかに、子どもが自然の砂で遊ぶ姿というのは洋の東西を問わず、また時代を越えて見られたことであるかも知れません。でも、わたしは〈砂場〉という遊び場は、自然の砂地とは根本的に違ったものではないかと考えてきました。つまり〈砂場〉は、大人が子どもの遊びを目的としてわざわざつくり出した人工的な遊びの空間であって、たまたま存在する砂地の場所とは全く異なるものなのです。

わたしのこの考えは、子どもの砂遊びを長年にわたって見つめてこられた石井光恵氏の〈砂場〉のとらえ方と出会って、よりたしかな思いとなりました。彼女は〈砂場〉について次のように語っていました。

「〈砂場は〉自然そのままではなく、人間の手が加えられた文化空間」
「違和感を感じさせないまでに、我々の生活に定着している砂場は、ひとつの文化であろう*」

〈砂場〉を紛れもない人間の文化的所産とみる彼女のことばに、わたしは全く同感でした。そして、〈砂場〉を一つの「文化空間」としてとらえるならば、そこにはその文化をつくり出し、支えてきた何らかの文化観を見ることができるに違いない。ことばをかえれば〈砂場〉にまつわる子ども観・遊び観をそこに見いだせるのではないか。

遅々とした仕事ぶりから娘はもう十歳の誕生日を大きく越えてしまいました。しかし、この〈砂場〉の歴史をたずねるという仕事を通して、わたしはあらためて〈砂場〉の大切さ、子どもにとって砂遊びの必要性というものを感じることができたように思います。

この本が、お母さんやお父さん、幼稚園・保育園の先生方、公園関係者の方々、そして幼児教育を学んでいる若い人たちにとって、子どもの砂遊びを見直すきっかけとなるならば幸いです。そして、それが一度曲がり角に立たされた〈砂場〉の復権につながるならば、わたしにとってはもちろんのこと、小さな子どもたちにとって何よりも大きな喜びとなるでしょう。

（本書では「砂場」の表記を〈砂場〉と記すことにします。日本では「砂場」の名称が最初から「砂場」ではなかったこと、また砂場を表す英語の表記も、sand pit, sand box, sand pile, sand garden, sand heap……など多様にあることから、これら戸外の砂遊び場を総称するものとして、〈砂場〉を用いることにします。）

＊石井光恵「幼稚園における砂遊びに関する一考察」『日本女子大学紀要』家政学部第37号、一九九〇年、一七ページ

〈砂場〉と子ども／目次

プロローグ

1. 子どもたちの砂遊び

砂山づくり
上から押し固めてまた砂をのせていく

(1) 砂山をつくる子どもたち

十月の好天に恵まれたある日、都内の東池袋第一保育園では典型的ともいえる子どもの砂遊びがくりひろげられていました。この保育園は園庭もそれほど広くはなく、周囲のビルの谷間から午前中のわずかな時間だけ太陽が顔を出すという、決して恵まれた環境とはいえないところです。しかし、好天の日は子どもたちは力いっぱい外で遊び、園外への散歩を積極的に行うなど、そのハンディを克服していました。

この日の午前中は園内での自由遊びが中心でした。そしてその自由遊びのメインは、まさしく砂一色。〈砂場〉と園庭いっぱいを使って、もっぱら砂遊びが行われたのです。

保育園の〈砂場〉は畳約四枚ほどの広さをもち、その横には子どもが五～六名入れるログハウスが建っています。さらにじょうろが並んでいる棚やいろいろな容器、シャベルなどの小物が入った移動式のカートが〈砂場〉の周囲に備えてあります。

園庭は広さが、約四百平方メートルで、〈砂場〉とは反対の方にすべり台、水飲み場、さらにその奥には夏用のプールが設置されています。この日園庭には、渦巻き状に引かれた黄色いラインが残っていましたが、これも後ほど大事な砂遊びの素材となっていきます。

まず〈砂場〉の方に目を向けると、先生と力持ちの男の子たちが〈砂場〉にかけてあった覆いを外して一斉に遊びが始まりました。まだ、三歳児以下が部屋の中にいるということで、ここは四～五歳児の独壇場です。七～八名ほどの子どもたちが、手に手に柄の長いシャベルや短いシャベルを持って砂を掘ったり、ふるいに砂をかけたり。ごく普通に見る砂遊びの様子がしばらく続きましたが、やがて彼らの遊びが大きく変わっていきます。

先生が一人、〈砂場〉に入って砂山をつくり始めたのです。すると、周りの子どもたちもさっそく先生のところに集まり、みんなで一緒に一つの山をつくることになりました。

直径がおよそ一メートルほどの「すそ野」をもつこの大きな砂山は、子どもたちと先生の手によってだんだん高くなっていきます。周りから砂を集めて持ってきては山の上にのせ、小さな手でペタペタとたたきながら、しっかりと固めます。

ある程度の高さになったところで先生は、山の上をぐっと押しつけて平らにします。せっかく高くなった山が、また低い台形状の形になってしまうのですが、こうすることによってもっと高い、しっかりした山ができることを子どもたちも知っているようです。また黙々と砂を積み上げていきます。

白砂をふりかけて，砂山にお化粧

やがて、大きな砂山ができあがりました。でも、まだ完成ではないようです。先生は砂山にじょうろで水をかけ、その上からサラサラの乾いた白砂をふりかけて見せました。砂山のお化粧です。子どもたちも、各自それぞれにちらばって園庭から白い砂を集めてきては砂山にふりかけ始めました。

子どもたちが集めてくる白砂は、砂というよりもむしろ、表面が乾いて固くなっている土を掻き削って出てくる粉のようなものでしたが、大きな砂山は見違えるほどのきれいな白い山に変身しました。

(2) 砂山にトンネルを掘る

次はいよいよトンネル掘りが始まりました。子どもたちは山の周囲を取り囲み穴を掘り始めます。山が崩れないよう、できるだけ下へ下へと掘って山の地下深いところで相手側の穴とつながるように、それぞれ一生懸命に掘り進めます。

そのうち、「あ、あっ」という声。

「あ、これだれ、だれの手」

「ぼくのだよ、つながったね」

「あれ、これはだれの穴」

トンネル掘り

すっぽりと足が埋まって
動けなくなった男の子

歓声をあげながら
山を踏みつぶす子どもたち

どうやら、砂山の地下深いところでは、四方から伸びたトンネルがどんどん開通して、小さな手と手が出会っているようです。

でも、まだ誰とも出会えない女の子もいます。

「ちょっと、下の方に掘りすぎたんじゃない。もっと前に掘ったら」と別の子どもからアドバイスがとびます。

砂山をつくり始めておよそ一時間。興奮はクライマックスに達します。

突然、地下トンネルが広がり過ぎた地盤は、砂山をもちこたえられずに一部が崩壊しました。と同時に、子どもたちは「キャー」と歓声をあげて砂山の上にのぼり、足を踏みならして山を崩していきます。耐えに耐えていた糸がぷつりと切れたように、大騒ぎで砂山を壊していくのです。

「先生、もう一度お山つくろう」という声に、さすがの先生も「もう今日はできないよ」と答えながらも、もう少し〈砂場〉での遊びを続けることになりました。今度は崩れて軟らかくなった砂を深く掘り、一人ずつ順番に子どもたちの足をすっぽりとその穴に入れて砂で埋めてやるのです。砂山づくりの途中から、子どもたちは一人また一人と靴を脱いですでに全員が裸足になっていました。

先生は足を埋められた子どもに、「どう、冷たくて気持ちいいでしょ」と言いながら「さあ、大魔神になって出ておいで。ガッシーン、ガッシーン」

と声をかけてやります。すると足を埋められた子どもはすっかり大魔神になったつもりで砂をけちらしながら足を出してきます。

ある男の子は先生が掘ってくれた穴の深さでは満足できなかったようで、穴をのぞき込んでは、「もっと深く、もっと」と注文をつけていました。先生も根気強くその注文にこたえて深い穴を掘りました。

やっと満足のいく深さの穴ができると、男の子は穴の縁を壊さないように先生の手を借りて中に入ります。半ズボンをできるだけ上にまくりあげて、両足は太もものところまで砂に埋まってしまいました。

黄色い粉と砂をかき集める子どもたち
園庭いっぱいに砂遊びが広がっていく

「さあ、出てこれるかな。大魔神ガッシーン」

「あれ、先生、足が動かないよー」

自分の限界を越えてしまった様子に、本人も周りも大笑いです。

こうして「大魔神、ガッシーン」の遊びを根気強く続けた先生も、そろそろ、砂遊びの終わりを告げます。子どもたちに道具の片づけを指示して、先生はテラスのところに足洗い用のお湯を入れた二つのバケツを用意しました。

(3) 〈砂場〉の外に広がる砂遊び

年長児が〈砂場〉で砂山づくりの大仕事をしている間、三歳児以下の子どもたちも園庭に出てきてそこここで砂遊びを始めていました。まず、目についたのは、庭の中央に残っていた黄色いラインの粉を砂といっしょにかき集めている姿です。黄色い砂がとても魅力的だったのでしょう。三歳児たちおよそ十人くらいがしゃがみ込んで、黙々と砂を集めていました。小さな手のひらを広げて黄色い砂をかき集め、手やプラスチック製のスコップを使ったりして、ちょっとずつ容器に入れています。互いに同じ作業をしていながら、それぞれは全く没交渉に、ひたすら自分の容器に砂を集めることに集中している姿は、おかしくもたいへんほほえましい光景です。

やがて、大きなお鍋に三〜四人で協力しあって黄色い砂を集める子たちが見られるようになります。これは少し年齢が高い子どもたちのようです。

集められた黄色い砂はその後、〈砂場〉の砂といっしょに混ぜられたり、水が入って黄色い色水になったりしています。黄色の砂と普通の砂を入れる分量を注意深く気をつけながら、その色の変化らしきものを楽しんでいるような子どももいました。

ログハウスの中で，砂ケーキのパーティーが始まる

この他には、〈砂場〉での砂山づくりに触発されたのか、〈砂場〉の横で砂山をつくる女の子もいます。サラサラとした園庭の表面の砂を集めているので高い山にはなりませんが、先生も手伝っています。

鉄棒のところでは泥団子をつくっている女の子。だいぶ固いのができたので満足げです。表面に鉄棒の下のサラサラとした白い砂をかけて最後の仕上げをしています。

また、まだ一歳半ほどで手を握ったり開いたりが自在にできない子どもの手のひらに、湿った砂の固まりをのせてあげている先生もいます。子どもはじっと自分の手を見つめていましたが、どうも指の間からはみ出てくる砂が不思議でたまらないようです。さらに、〈砂場〉の隣にあるログハウスでは、女の子たちの砂ケーキや砂プリンによるパーティーも始まっていました。

やがて、遊びの終了と後片づけの声がかかると、先生も子どもたちも、きびきびと道具を片づけ始めました。四歳のある女の子は、次から次へと道具についている砂を几帳面に〈砂場〉の縁でトントンとたたいては所定の場所に戻していました。

裸足になった子どもたちは、テラスに用意されたバケツのところに列をつくって並びます。

「わぁ、あんまり熱くない。ぼく熱い方がよかったのに」などと言いながら、二つあるバケツのうち、まず最初のバケツでよく足を洗い、次のバケツですすいでから足ふきタオルの上にのり、そして部屋の中へ。いたって手際（足際）のよい光景に、子どもたちにはこの一連の行動が普段の行いとしてよく身についていることがわかります。

誰もいなくなった園庭には、つくりかけで終わった小さな砂山や水に濡れた砂の固まりとともに心地よい興奮の余韻がまだ漂っているようでした。

2. 消えゆく〈砂場〉

(1)〈砂場〉の環境問題

子どもにとってこれほど楽しく遊ぶことができる〈砂場〉。ところが、その〈砂場〉が今、大きな曲がり角にたたされています。次の一文はある育児雑誌に紹介された、幼い子どもをもつ母親からの手紙です。

私には、二歳になる男の子が一人います。近所の人たちから、「砂場には、猫のフンがしてあるから気をつけたほうがいいよ」と教えてもらったことがあり、また、病院などで、「寄生虫注意」というポスターを見たこともありますが、そんなに大変なこととは知りませんでした。

実際、今近所にのら猫が三、四匹おり、公園の砂場にフンをしているらしいと他のお母様方から聞くと私自身も砂場に行くのがいやになり、砂や泥んこ遊びをして、のびのびと育てたいと思っていたのですが、子どもにも砂場から離れたところや、ほかのもので遊ばせようとさせてしまいます。(注1)

ここには、子どもには砂や泥んこでのびのびと遊ばせたい、でも子どもが病気になったりしてはたいへんだというお母さんの困惑した思いが表れています。そして本意ではないながらも、このお母さんはつい〈砂場〉から子どもを遠ざけようとしているのです。

ちょうどわたしが〈砂場〉に関心をもち始めたころ、親たちの間では〈砂場〉に対する不安がささやかれていました。それがテレビによる〈砂場〉の汚染報道をきっかけに、不安は一気に膨れ上がって全国的にこのお母さんのような反応が表れたのです。

一般素人では確かめようもない不安は、いきおい子どもたちを〈砂場〉から遠ざけることになりました。なかには〈砂場〉そのものを「敵視」するような論調すら見られるようになったのです。

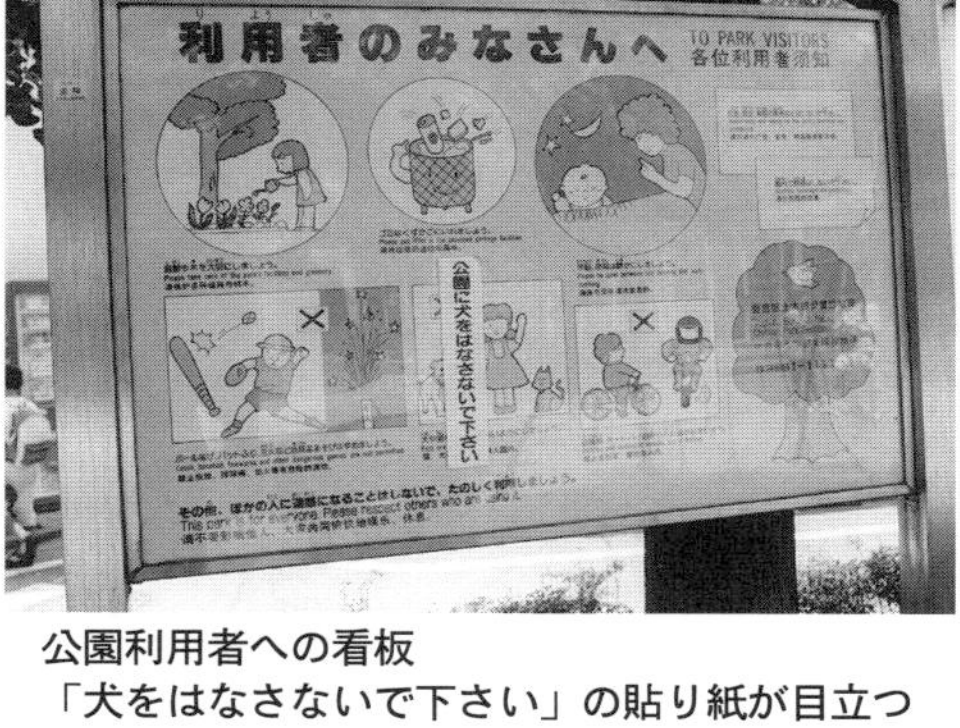

公園利用者への看板
「犬をはなさないで下さい」の貼り紙が目立つ

その真偽のほどや衛生対策についてはあとからあらためて考えてみたいと思いますが、このように親や子どもの足が〈砂場〉から遠のくことによって、日本の公園の〈砂場〉には確実にある変化が起こり始めました。そして、それはまず子どものための公園、「児童公園」の変化として表れます。

(2) 「都市公園法」から消えた「児童公園」

公園の〈砂場〉といったとき、誰もが身近な児童公園を思い浮かべることでしょう。この「児童公園」というのは「都市公園法」という法律にもとづいて、文字通り子どものためにつくられた公園です。ところが、この「児童公園」という馴染みの名称が、一九九三年の「都市公園法」の改正によってなくなってしまったのです。

これまでの「児童公園」は「街区公園」という、その名前を聞いただけではちょっとわかりにくい名称に改められました。それは、公園の対象をもはや児童とは限定せず、広く市民のための町の公園という考えを強く押し出したものであります。公園に子どもがいない、というのが何よりもこの改正を進める大きな要因であったと思われます。お年寄りのゲートボールのコートなどが、あちこちの公園につくられ始めたことを見てもこのことはよくわかるような気がします。

ただ、この公園法の改正こそ公園の〈砂場〉にある変化を及ぼすことになるのです。これまでの児童公園には「都市公園法施行令」によって〈砂場〉の設置が次のように条文化されていました。

　児童公園には、公園施設として少なくとも児童の遊戯に適する広場、植栽、ブランコ、すべり台、砂場、ベンチ及び便所を設けるものとする。

ところが、「児童公園」という名称の消失は、公園に〈砂場〉を設置するという、その法的根拠をも同時に失わせることになったのです。もちろん、それがすぐさま〈砂場〉の全面撤去を意味するわけではありません。しかし、そんな傾向が出始めていることもたしかです。特に先に見た〈砂場〉への不安は子どもを〈砂場〉から遠ざけ、〈砂場〉が無用の長物と化してしまうことにつながります。そして、使われることのない〈砂場〉は、砂の補充や管理も不十分となり、ますます子どもたちは〈砂場〉で遊ばなくなってしまいます。このような悪循環の結果、〈砂場〉をなくしてしまう、花壇として「再生」させるといったような事例があちこちで見られるようになりました。また、新しくつくられる公園においては、最初から〈砂場〉の設置がなされないというところも少なからず出てきているのです。

わたしが聞き取りを行ったある市では、街区公園としてこれまで七つの公園が新設されたにもかかわらず、〈砂場〉はただの一カ所も設置されていないというところがありました。また、一九九七年度から一九九九年度までの三カ年で四十八カ所もの街区公園を新設した比較的大きな都市においても、〈砂場〉はわずか四カ所だけの設置というきびしい状況がありました。さらに、既設の公園を再整備する、いわゆるリフレッシュ公園化を進めている別な都市でも、その約半数は〈砂場〉を撤去しているというのです。

もちろん行政が、一方的に〈砂場〉の設置を取りやめるという方針を出したわけではありませんが、地域住民の〈砂場〉に対する強い不安や、逆に衛生管理を強く行政側に求めるという状況において、〈砂場〉という遊び場が設置者の側からも、利用者の側からも「お荷物」的存在として敬遠されるようになってしまったのです。

たいへん残念なことですが、町の公園から子どもが姿を消し、「児童公園」の名前がなくなり、ついには〈砂場〉自体が消滅しつつあるのです。

(3)〈砂場〉はもう時代遅れの遊び場？

子どもにとって当たり前だと思われていた遊び場が、いまこのような状況に追い込まれています。もはや〈砂場〉は子どもたちには必要のない遊び場となってしまったのでしょうか。また、このまま本当に〈砂場〉は消えてしまってもよい遊び場なのでしょうか。

実は、先にみた育児雑誌では「自分たちの公園の砂場は自分たちで安全な遊び場にする」という意気込みから、近所のお母さんたちが交代で〈砂場〉にシートをかぶせて犬猫の侵入を防いでいる例も紹介されていました。また、〈砂場〉の周囲をフェンスで囲ったりネットをかけたり、頻繁に清掃を行うなどいろいろな対策を講じている公園課職員の努力についても伝えていました。

このように、子どもを〈砂場〉から遠ざけようとしている大人たちがいる一方で、〈砂場〉を積極的に守ろうとしている親（大人）たちもいるのです。同じ問題に直面していながらその対応の仕方は全く違うものがあります。

このことについてわたしは、そもそも子どもにとって遊びというものをどのように考えるのか、その違いこそが〈砂場〉から子どもを遠ざけたり、逆に〈砂場〉を大事にしたりという対応の違いとなって表

〈砂場〉をおおうネットとシート（名古屋市台町ふれあい公園）

れているように思えてなりません。つまり、それはどのような子ども観、遊び観をもつかという本質的なことに関わる問題であるように思うのです。

近年は特に、汚れること、争いが起こりそうなこと、長々と続くこと、そしてすぐに何らかの結果（プラスの到達点）が見えてこないような子どもの遊びというのは、大人たちからはなかなか共感が得にくくなっているように思われます。そしてたしかに〈砂場〉はこのいずれの要素をも含んでいる遊び場そのものです。しかし、わたしはむしろこのようなものこそ、長い目で見たときに、子どもにとって本当に必要なものではないかと思うのです。そして、いまもしこの遊び場を失ってしまったならば、子どもの育ちにおいて何かとても大切なものをなくしてしまうような気がしてなりません。

では、子どもにとって本当に大切なものとは一体何なのでしょうか。このことを、これから〈砂場〉の歴史のなかにたしかめようと思います。〈砂場〉はどのようにして子どもたちの遊びの世界に登場し、どのように遊びの発展に貢献してきたのか。また、大人たちや社会はこの遊び場をどのようにとらえ、何を期待したのか。

〈砂場〉の要・不要を急いで結論づける前に、一度そのことにじっくりと思いを馳せながら、あらためて〈砂場〉の存在意義を考えてみようと思います。

［注］

1 『プチタンファン』婦人生活社、一九九三年三月号、九四ページ

第 1 章

日本の〈砂場〉の歴史

1. 日本で最初の〈砂場〉はどこに

(1) 日本最初の幼稚園と〈砂場〉

そもそも日本で最初の〈砂場〉というのは、一体いつ、どこにつくられたものだったのでしょう。

それは、明治期以前にも存在した遊び場だったのでしょうか。あるいは明治維新とともに外国から入ってきたものなのでしょうか。それとも、実は戦後になって登場した遊び場なのでしょうか。

また、場所はどこだったのでしょう。東京、それとも地方の町、それこそ海の近く、あるいは内陸部の砂浜とはほど遠い地域につくられたのでしょうか。

これは意外にむずかしい問題です。そこで、具体的な手がかりとして、まず、日本で最初につくられた幼稚園には〈砂場〉があったのか、なかったのかということから考えてみることにします。

日本で最初の幼稚園というのは、明治九（一八七六）年につくられた東京女子師範学校（現在のお茶の水女子大学）の附属幼稚園です。ここには当時七十五名の幼児が集まりました。その大部分は、お供に付き添われながら馬車や人力車で幼稚園に通って来たといわれ、一般庶民とはかけ離れた子どもの集団であったことがうかがえます。

この日本で最初の幼稚園に、〈砂場〉はあったのでしょうか。

次頁の図は、東京女子師範学校附属幼稚園の開設当時の建物と園庭の様子を示す平面図です。園庭の設備として、藤棚、池、花壇、築山、そして幼児用畠などが配置されているのがわかります。「幼児用畠」というのは個々の幼児に割り当てられた個人専用の畑で、この当時の重要な園庭利用法の一つでした。

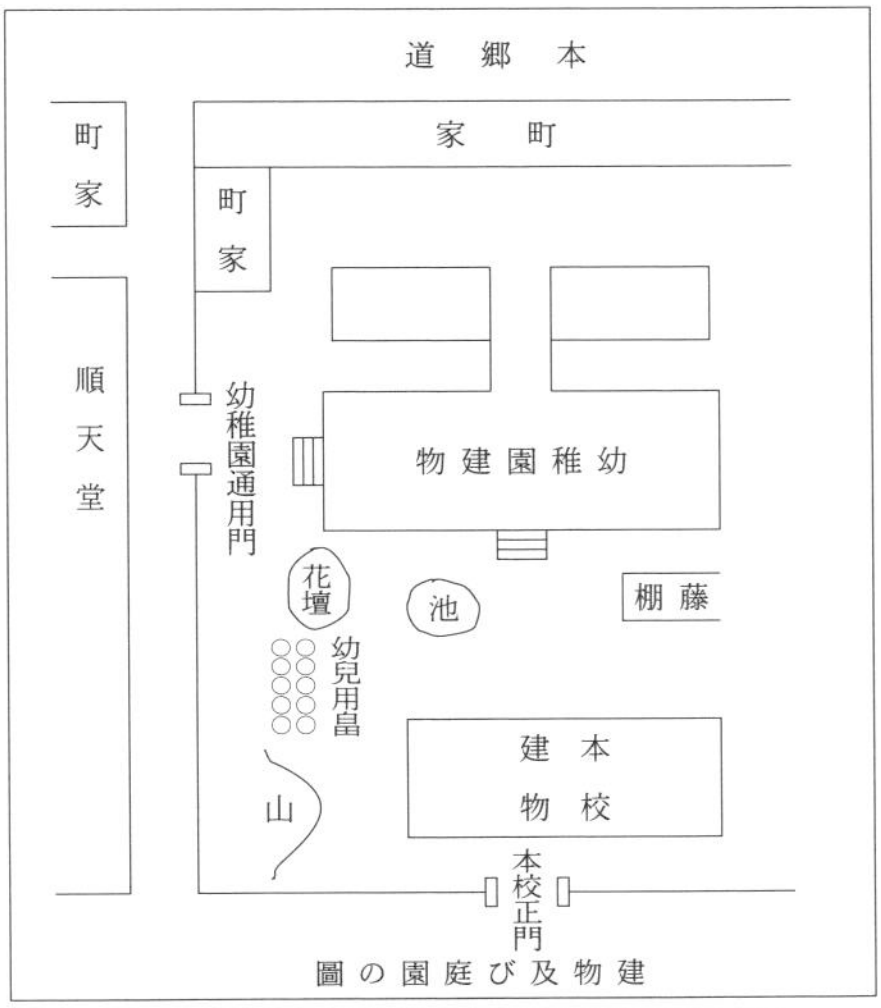

東京女子師範学校附属幼稚園平面図

ところが、この平面図を見る限りどこにも〈砂場〉というものを見つけることはできません。文部省の『幼稚園教育百年史』という本はこのことに関して次のように述べています。

> 屋外設備は（中略）、山、池、花壇、藤棚、幼児用畑などがあり、砂場やぶらんこなどはまだ設置されていなかった。(注1)

(2) 岡山市深柢幼稚園の〈砂場〉

なんと、日本で最初の幼稚園には〈砂場〉は存在していなかったというのですが、『幼稚園教育百年史』はさらに次のように続けています。

> 屋外施設も東京女子師範学校附属幼稚園や幼稚園創立法などに従って整えられた。ただ、これらに見られないぶらんこ、砂場が岡山県深柢幼稚園に明治二十年代に整えられた。(注2)

日本では明治二十年代初頭まで、公私立あわせて約九十園を越す幼稚園が設置されていました。そんな状況のなかで、右の引用が示すように東京女子師範学校附属幼稚園やその園長であった関信三という人物が書いた『幼稚園創立法』といった書物が、新しく設置される幼稚園の模範となっていました。

しかし、これらの模範にはなかった〈砂場〉が明治二十年代、岡山県内の幼稚園につくられたというのです。はたしてそれは日本で最初の〈砂場〉だったのでしょうか。

この『幼稚園教育百年史』の記述は、昭和四十三（一九六八）年に刊行された『深柢幼稚園の八十年』という記念誌をもとにして記されたもので、それには次のように書かれていました。

明治二十年代・三十年代というと、まだまだフレーベル恩物の全盛時代であって、屋外での遊戯などはほとんどみられず、室内で机に向かって豆細工をしたり折り紙をするという状態であった。深柢幼稚園では明治二十年代にすでに砂場とブランコ、藤棚等の設備が整えられていたということである。この時代は、すでに述べたように屋内での保育が中心であり、保育の間の休けいとして、外へ出て遊ぶということであった。この当時、こうした砂場などの設備が整えられていたことは高く評価されてよかろう。（注3）（傍線筆者）

さらにまた、『深柢幼稚園の八十年』には、明治三十年代に幼稚園に通った人たちの思い出として次のような回想がのせられています。

私が幼稚園に通ったころは砂場と小さいベビーオルガンがあったが、その他には何もなかったように思う。（角田治兵衛、明治三十五年頃の思い出）（注4）

幼稚園には遊戯室とお便所や教室がありました。遊戯室の南に藤の棚があって、その横に砂場がありました。私は砂遊びが好きで、そこで遊んで楽しかったことを覚えています。（守谷春子、明治三十六年在園）（注5）

フレーベルの恩物

フレーベル

たしかに、これは日本で最初の〈砂場〉なのかも知れません。しかし、これには少しばかり解説が必要なようです。まず、「フレーベル恩物の全盛時代」に〈砂場〉が整えられていたことは「高く評価」できると書かれていますが、これはどんな意味なのでしょう。

フレーベル（Friedrich Wilhelm August Fröbel, 1782-1852）はいうまでもなく、一八四〇年、ドイツに世界で初めての幼稚園を創立した人物です。日本の幼稚園制度は、彼の幼稚園がアメリカを経由して伝えられたことにより始まったものです。また、フレーベルは、今日でいう積み木の原型を考案した人物でもあります。これが「Gabe（神によって授かりし物）」という意味から、日本では「恩物（おんぶつ）」と呼ばれたものです。

恩物は球や立方体、直方体、円柱などの立体物や、三角や四角など多角形を表す板状のものなどから構成され、子どもはこれを並べたり重ねたりしながら、数や形、色、デザインなどを学びました。恩物を積み木の原型と考えると、なにやら楽しい遊びの様子がイメージされますが、これはどちらかといえば学校の学習教材のような扱いでした。

しかも、フレーベルが亡くなった後、彼の後継者らによってその使用法はますますきちんとしたものとなり、日本に入ってきたときにはまさに「恩物主義」とも呼ぶべき厳格な教授法が確立されていたのです。このことは、たとえば今でも

フレーベルの恩物

お茶の水女子大学附属図書館に保存されている当時の幼稚園の机からもうかがうことができます。というのも、この机の上には碁盤の目のような直線が刻まれているのですが、驚くべきことに、子どもたちは先生が並べた恩物の模範に従いながら、その線から辺や角がずれないように恩物を並べるよう指導されました。附属幼稚園ではこの他にも、日本古来の伝統的なお話や歌は採用せず、イソップ物語や外国の遊び歌などが、難解な文語調のことばに翻訳されて子どもたちに教えられていたのです。(注6)

このような手放しの西洋礼賛、しかも硬直化したフレーベルの恩物教育。これこそが「フレーベル恩物の全盛時代」といわれるような明治期前半におけるわが国の幼児教育の姿だったのです。

さて、そうすると、当時、深栬幼稚園が屋外の遊戯施設を整えていたというのはたしかに「高く評価」すべきことだったかも知れません。そして何よりも明治二十年代という早い時期に〈砂場〉がつくられていたというのです。

ところが、どうでしょうか。わたしには残念ながら、最初の〈砂場〉の設置に関してはその年代

恩物で遊ぶ子どもたち。机の上には碁盤のようなますめが引かれている

を特定するには少し無理があるように思うのです。つまり、先の深柢幼稚園に関する引用の中でわたしが傍線を付けたように、肝心な部分は「整えられていたということである」という伝聞の表記におわっているのです。また、二人の人が子ども時代の回想を具体的に書いてはいるものの、これはどちらも明治三十年代半ばの話であって、二十年代のものを示す根拠にはなっていないからです。

岡山市は昭和二十年六月にB29のはげしい空襲におそわれました。このとき深柢幼稚園も全焼し、幼稚園の歴史を記した資料が灰と消えています。ほかに深柢幼稚園の〈砂場〉に関する具体的な記録が見つからないとすれば、明治二十年代の〈砂場〉の存在をそのまま受け入れることは少しむずかしいように思われます。残念ながら、深柢幼稚園の〈砂場〉は日本における「幻の砂場」として、その追求を一旦保留することにします。

2. 幼稚園教育の発展と〈砂場〉の普及

日本で最初の幼稚園に〈砂場〉は存在しませんでした。また、最も古いと思われた岡山市深柢幼稚園の〈砂場〉についてもとりあえずは「幻の砂場」となってしまいました。ほかにも明治二十年代までのいろいろな資料を探してみましたが、結局〈砂場〉を見つけることはできませんでした。

ところが、明治期も三十年代に入ってくるとこの事情は少しずつ変わり始めます。そして、三十年代の後半から大正期にかけては、〈砂場〉という遊び場が全国的に普及していったことがわかりました。その様子をいくつかの時期に分けながら見ていくことにします。

(1)〈砂場〉への着目

明治三十年代早々、文部省の関連文書に突然とも思われるような〈砂場〉の登場がありました。それは、明治三十一（一八九八）年のことでしたが、この年の四月に大阪府が文部省に対して、新しい幼稚園設立において園庭はどのようにつくればよいのかという照会を行いました。それに対して文部次官が「幼稚園庭園設計方」という回答文書を送りますが、その中に〈砂場〉が登場するのです。

一　幼稚園幼児遊戯ノ為ニ設クル庭園ハ幼児百名ニ付面積百坪トシ主トシテ運動遊戯ノ場所ニ充ツヘシ此外数十坪若クハ百坪以上ノ地ヲ加ヘテ樹木ヲ植ヱ花壇ヲ設ケ砂場（若干ノ地積ヲ画シテ砂ヲ盛リ以テ幼児ノ砂遊ニ充ツ）ヲ造リ又小山ヲ築ク等ノ場所ニ充ツルヲ可トス[注7]（傍線筆者）

「砂場（若干ノ地積ヲ画シテ砂ヲ盛リ以テ幼児ノ砂遊ニ充ツ）」。この一文からは次のようなことが言えると思われます。まず第一に、「砂場」ということばのあとに括弧付きの説明文が存在しているのですが、これはまだ当時、「砂場」というものが何のための、どのような設備かということが広く知られてはいなかったことを意味するものでありましょう。一方、そうは言いながらも「幼児ノ砂遊ニ充ツ」というところからは、子どもが砂で遊ぶ姿というのは当時においても比較的容易に思い起こすことのできる光景であったということが考えられます。

さて、そうするともう一つ、不思議な問題があります。それは、〈砂場〉がまだ人々によく知られる遊び場ではなかったというならば、どうして文部省はこのような回答文書を準備することができたのでしょう。実は、この文書の前文にそのことが次のように記されています。

四月十八日三第一六七五号ヲ以テ幼稚園庭園設計方等ニツキ御照会ノ趣了承当省ニ於テハ別ニ標準トシテ定メタルモノ無之候ヘトモ右ニ関シ女子高等師範学校ノ意見ハ大要別記ノ通ニ有之候條御参考相成度此段及回答候也（注8）（傍線筆者）

つまり文部省は、当時まだ幼稚園の園庭仕様に関する基本的な考えをもってはおらず、そこでそのことをわざわざ東京女子高等師範学校（注9）（以下「東京女高師」とする）関係者に尋ねていたというのです。ということは、初めてその文言として〈砂場〉を登場させた文部省も、どれほどこの新しい遊び場である〈砂場〉のことを知っていたかどうかは少し疑わしいものとなります。

実際、そのことは文部省が翌年に公布した「幼稚園保育及設備規程」（明治三十二年）という法令を見ると明らかです。これは、それまであいまいにされてきた幼稚園の施設、設備、保育内容などに関する国としての基準を示したものですが、そこに〈砂場〉は入っていないのです。

前年に文部省はあれほど明快に〈砂場〉の紹介をしておきながら、この「幼稚園保育及設備規程」で〈砂場〉に触れなかったのはなぜなのか。それは文部省としてもいまだ〈砂場〉に対する十分な認識をもっていなかったということを示すものではないでしょうか。

(2)〈砂場〉設置の試み

「幼稚園庭園設計方」にみた〈砂場〉の紹介は、行政府の役人による発想ではなく、実際の保育に携わっていた東京女高師関係者らによるものであることがわかりました。さてそれでは、その文部省からの回答文書が、すぐさま関西における幼稚園の〈砂場〉設置を方向づけたかというと、実はそうでもなかったようです。むしろ、関西地区においても〈砂場〉の設置は、日々保育のなかで子どもの遊ぶ姿を直接目にしていた実践家たちによって徐々に試みられていたように思われます。その辺の様子を次に見てみましょう。

明治三十年十月、大阪市、神戸市、京都市の三市は、それぞれの保育会の代表者が集まって「三市連合保育会」を結成しました。この組織は年に一・二回の大会を開いて幼児教育の普及と充実につとめることを目的とし、その会報として『京阪神連合保育会雑誌』を発行することになります。この雑誌は、当時の具体的な保育の様子を知るうえで貴重な資料となるものですが、この第五号（明治三十三年）に〈砂場〉に関係するような興味深い記事が掲載されています。

研究題（幼稚園の構造につきて）

和久山会長（神戸頌栄幼稚園）

神戸の方は十分研究せさる故研究の結果としては申上けることは出来ませんが今理想上より申せは一間若は二間の間に砂小石を置けは如何にやと思ふ「フレーベル」も子供は砂小石をもちて遊ふは天性として居ります幼児は此等の者をもて遊ふことは尤も好くものと見へ瓦の片又石瓦一ツでもあれは残さす集めて楽しみ遊ふ者なれは砂小石を庭の端に置けば大に宜しからんと思ふ（後略）

竹中（神戸葺合幼稚園）

砂を敷くことは誠に宜しきことと思ひます幼児は遊の時間にはいつも其所に走り来りて山などをこしらへて楽しく遊んで居ります。（注10）

これらの幼稚園では、自然に砂で遊び始めた子どもの姿に注目し、そこに教育的な意味を見いだそうとしていたのです。頌栄幼稚園の和久山会長という人はそのことを素直な問題意識として語ったわけですが、それに答えた葺合幼稚園では、すでに砂を盛った子どもの遊び場をつくっていたというのです。「山などをこしらへて楽しく遊んで居ります」などというのはまさに〈砂場〉での遊びそのものであったようにも思われます。なおこの会議は、これからも引き続き子どもの砂遊びを注意深く見守っていくことを確認しあって終了しています。

Hiroshima Girls School Sand Box.（明治40年頃）

(3) 全国的な〈砂場〉の普及期

明治三十年代前半、〈砂場〉はまだ広く世間に認められた遊び場ではありませんでした。しかし、明治も三十年代半ばを過ぎる頃から、その普及は次第に目に見えるかたちとなって現れてきます。先の深柢幼稚園の〈砂場〉で実際に遊んだという二人も、明治三十五・三十六年頃に幼稚園に通った人たちです。

保育関連の雑誌においても、新しい遊び場として「砂遊びの装置」を提案するもの、子どもの遊びの意味を考えるなかで〈砂場〉の設置に触れるもの、よりよい砂遊び場の「構造」について述べるものなどが次々と登場し、この時期から大正期にかけては〈砂場〉が日本の幼稚園に一気に普及していった様子がうかがえます。一方この頃、〈砂場〉の呼称はまだ「砂場（すなば）」として統一されていなかったことも興味深いところです。その例をいくつか見ておきましょう。

まず、明治三十三年に東京女高師に教授兼附属幼稚園批評係として就任した東基吉は（一八七二〜一九五二）、『幼稚園保育法』（明治三十七年）という書物の中で、園庭における子どもの自由な遊びの大切さを主張しながら、〈砂場〉についても次のように触れています。

天地は真の保育室なり。新鮮なる空気美麗なる草木鳥獣は何れも之が装飾の具たり。石塊土砂落花落葉等は皆悉く天地自然の恩物として此処に散在し自由に幼児の選択に委せられざるはなし。（中略）其他砂壇鞦韆等の遊戯に関する装置を設くる事は亦遊園利用の上に於て欠くべからざる要件なりとす。[注11]（傍線筆者）

（第十一章「保育上一般の注意」の第二節「遊園を多く利用すべきこと」）

「砂壇」とは面白い表現ですが、ちなみに「砂壇」のあとの「鞦韆」とはブランコのことです。彼はこの前の年にも「幼稚園学説及現今の保育法」という論文を書いていますが、その中では「砂原」ということばで〈砂場〉を表現していました。「砂原」よりは「砂壇」のほうが規模が小さく、何かで囲まれたような場所を連想させ、〈砂場〉としてのイメージには近いのかもしれません。

もう一つ、今度は大正期に入った頃の〈砂場〉を見てみましょう。大正元（一九一二）年、『婦人と子ども』（第十二巻十二号）という雑誌に同じく東京女高師教授で附属幼稚園主事の倉橋惣三（一八八二〜一九五二）が、「保育場の新しき試み」という一文を寄せています。彼は大正期から戦後まで、わが国の保育界に大きな影響を与えた人物です。また、この『婦人と子ども』という雑誌は、明治二十九年、東

東基吉

京女高師附属幼稚園の「保姆会」と「東京市保育法研究会」などが統合されてできた「フレーベル会」という組織の機関誌で、関西の『京阪神連合保育会雑誌』と並んで、当時の保育の状況を知るうえで大変貴重なものです。

倉橋はそこで大阪の江戸堀幼稚園で見た、持ち運び可能な個人用「砂箱」について書いていますが、冒頭次のように始まります。

何たる愉快なことであろう。砂場の教育的価値は更めていふ迄もない。否実際にはまだいろいろ申し度いこともあるが、砂箱が斯くも有効に用いられて居るといふことは非常に愉快なことである。(注12)

倉橋惣三

彼にしてみれば、〈砂場〉はもはや幼児の遊び場として自明のものであったようです。ただし、そのことは先進的な保育実践家の胸の内であって、幼児の砂遊びについてその意義が真正面から論じられたことはまだなかったのかもしれません。そのことが倉橋をして「実際にはまだいろいろ申し度い」と言わせているのでしょう。そしてそれは翌年七月の「砂場の屋根に就て」という論考につながります。

幼稚園に砂場の必要なことは言ふまでもない。従つて、どこの幼稚園でも大抵砂場のないところはない。しかし、時によると其の砂場が、土まじりのコチコチになつて居たり、砂漠の様に乾き過ぎて居たり、殆ど砂場の骸骨とでもいふ様なのがある。それ程でなくとも、折角の設備が余り充分利用せられて居ない所が少くない。(注13)

ここからは、大正期に入ってすでにほとんどの幼稚園が〈砂場〉を設置していたことがわかるでしょう。しかし、そのすべてが必ずしもよい遊びの条件を備えてはいなかったようです。倉橋は「或る人は砂場なんかで、そんな費用をかけてといふ人があるかも知れない。そういふ人は御相談にならない」[注14]と厳しく言い放ちます。そして、理想的な〈砂場〉をつくるためにはそれだけの研究が必要だとも言っています。

この記事では、前と同じように大阪の江戸堀幼稚園についてその屋根付き〈砂場〉の様子が写真とともに紹介されています。建物に接した屋根付きの〈砂場〉で、子どもたちが着物の上に白いエプロンを着て遊んでいます。写真撮影のためにわざわざ子どもたちを〈砂場〉に集めたかのようにも見えますが、明治末から大正期にかけての本格的な〈砂場〉を示す貴重な写真であることに違いありません。なお、〈砂場〉の面積は二十六坪というかなり広いものでした。

大阪江戸堀幼稚園の屋根付き砂場

さらに、次頁の写真は倉橋が主事を務めていた頃の附属幼稚園の〈砂場〉を示すものです。これは大正五（一九一六）年の撮影ですが、〈砂場〉の深さ、内壁の板止めの部分がよく写っています。また、山をつくり、汽車を走らせ、ままごと遊びをする子どもの姿もとらえられており、今日と変わらない様子がうかがえます。

(4) よりよい〈砂場〉を求めた時代

さて、大正期も十年代に入ると、もはや〈砂場〉の設置はかなりの浸透をみせるに至ります。それだけにこの頃になると、さらによい

〈砂場〉づくりのためのノウハウなどが論じられるようになります。

次の一文は大正十一（一九二二）年、『婦人と子ども』の改題誌である『幼児教育』（第二十二巻四号）に収録されたものです。まず、雑誌の読者から「砂場の設計に就き質問」と題して手紙が寄せられ、それに対する編集部からの回答が見られますが、当時どのような〈砂場〉がよい〈砂場〉として考えられていたのか、興味深いところです。

東京女子高等師範学校附属幼稚園の〈砂場〉（大正５年）

「質問」

幼児に砂遊びの好まるることは今更申述ぶる必要もありません。又各地の幼稚園に砂場の設けのない所はありますまいがその構造に就いては広いの狭いの上覆のあるものなきもの又板にて囲まれて居るもの或は二重の漆喰にて囲まれた排水の注意をされたもの又周囲を縁の如くしてまま事遊びに使用されたもの又砂場に付随して手洗場の設けあるものなど種々雑多に見受けます。各園経費の都合其他運動場の広狭など種々の事情に支配されて意の如く設置せらるる事は六ヶ敷ことではありますが今から砂場を造るとすれば如何なる設計にするが理想でございますかどうぞ誌上に御発表下さいます様希望致します。（注15）

この質問文だけでも当時の〈砂場〉の様子がよくわかりますが、これに対して坂内ミツ子という人が理想的な〈砂場〉について次のように回答しています。

砂場は周囲も底も漆喰でかため排水の設備を充分にしたもの、大きさは小さくとも三間に二間以上のもの、幼児百名以上の園では二つ欲しいのです、一方は三間半に三間位の正方形に近いもの、一つは三間に二間又は一間半位の長方形のもので後者の方には其二方に幅一尺か八寸位の棚をつける事、棚の外側には低く板を取つけて砂のこぼれぬやうにする事、棚の高さは幼児が立つてままごとをしたりおだんごを造つたりして遊ぶに適するやうにする事、大きい方は山をつくり池を掘り汽車電車を走らすなど大工事をするに適するやう棚を設けぬ方が宜しいと思ひます、一つの場合には両方を兼ねるやう一方に棚を設くるが適当でせう、深さは何れも一尺五寸以上ないと困ります。

上覆はある方宜しいと思ひます、大きい砂場になれば覆の取扱上幾つかに分けて置く必要があります、手洗場は砂場の近くにおき下水をよくし砂がはいつてもつまらぬやうに装置されたものがあれば妙です、以上の如くにして砂もきれいなものを選べば先づ理想に近いでせうか。

実際に行はれ易く経費を少なくするには底に煉瓦をしき周囲は漆喰を用ひず三四寸幅の一尺位の木材を用ひて防腐剤を塗れば七八年はもちます、棚等の木にはペンキを塗ります、蓋も不完全ではありますが葦簾を用ひる方便利と思ひます。(注16)

「大きさは小さくとも三間に二間以上」とすると、最低でも十二畳の広さとなります。このようなものを幼児百名の規模では二カ所はほしいというのですから、遊び場としての〈砂場〉はかなり安定的な地位を確保したといえるでしょう。また、排水への注意や遊びやすい棚の設置、覆いの設備などについては、今日に通じるような工夫があったことがわかります。さらに、〈砂場〉と水道の位置関係が記されていることも興味深いところです。

(5) 〈砂場〉設置の義務化

さて、これまで〈砂場〉の普及の様子を見てきましたが、いよいよその〈砂場〉が幼稚園に必ず設置すべき遊具として位置づけられる日がやってきます。

幼稚園に関する法的な定めは、これまで「小学校令」という法律のもとに包括され、幼稚園独自のものとしての制定はなされていませんでした。それに対して、幼児教育の関係者たちは機会あるごとに独自の法制化を要求してきました。そして、その運動が大正十五（一九二六）年、「幼稚園令」というかたちで結実します。それは日本の幼稚園教育の始まりからちょうど半世紀を経たときであり、幼稚園数も全国で一千園を越えていました。

「幼稚園令」の制定とともに「幼稚園令施行規則」が出されますが、ここに日本の幼児教育史上初めて、〈砂場〉の設置が次のように義務づけられることになります。

第十九条　幼稚園ノ設備ハ左ノ各号ノ規定ニ依ルヘシ
（中略）
五　保育用具、玩具、絵画、楽器、黒板、机、腰掛、砂場等ヲ備ヘ其ノ他衛生上ノ設備ヲ為スコト

もはやここには〈砂場〉とは何かを説明する括弧書きはありません。しかも屋外遊具施設の中でも〈砂場〉だけが特筆されているのです。幼児教育施設における〈砂場〉設置の義務化は、その後、戦後にも受け継がれていきます。

多くの人たちが幼稚園や保育園の思い出として〈砂場〉での遊びを記憶しているのは、〈砂場〉の設置が法的に義務づけられていたからであり、そのことはこの大正十五年にまでさかのぼるものでありました。まさにこの時こそ、日本の幼児教育施設において〈砂場〉が「当たり前」の遊び場となった決定的なときであったのです。

3．児童公園の歴史と〈砂場〉

さて、これまで日本の〈砂場〉について特に幼稚園教育との関連でその歴史を見てきました。しかし、〈砂場〉の歴史へのアプローチといったとき、もう一つ、公園における〈砂場〉の歴史が考えられるでしょう。そもそも日本における子どものための公園はいつ頃からつくられるようになったのか、その中で〈砂場〉はどのような扱いとなっていたのか。もしかすると公園の〈砂場〉は幼稚園の〈砂場〉よりも先につくられていたのではなかったか。その辺を次に見ていきましょう。

(1) 明治・大正期における日本の公園

日本における公園制度というのは、明治六（一八七三）年の太政官布告というものをもって始まったといわれています。(注17) この布告によって、江戸時代には大名の庭園となっていた場所や、寺社の境内などが公園としての指定を受けることになり、全国で二十五の公園が誕生したといいます。その後も福島の信夫山、富山の高岡、金沢の兼六園、長野の高島、香川の栗林など、今日でもよく名前の知られる公園がつくられていきました。

やがて明治二十（一八八七）年までには、全国で八十カ所を越える公園が誕生しており、都市づくりの計画の中で公園というものの位置は、次第に大きなものとなっていきました。ただ、この当時の公園設置の目的としては、市民にとっての休息の場を設けるというよりは、火災時における延焼をくい止めるための場所というような考え方も根強かったといわれ、市街区画整理の段階で生まれた三角地や中途半端な場所がその候補地となったところも少なくなかったようです。

また、「公園」という呼び名についても、最初は公苑、遊園、遊観所、逍遥園、禽獣園、草木園などと呼ばれていてなかなか定着せず、大正期の終わり頃においてさえ、そこは「偉い人」だけが行くところ、お金を払わないと入れないところといったイメージが強く、一般には馴染みが薄かったようです。そうしてみると、わが国で公園というものがその名称も含めて広く一般市民の間に普及していったのは、どうも昭和に入ってから以降ということになるのかもしれません。

(2) 日比谷公園につくられた児童遊園

そんな日本の公園事情でしたが、それでも明治三十六（一九〇三）年につくられた日比谷公園には注目したいと思います。なぜなら、この公園の一角に開園当初より「児童遊園」と呼ばれる場所が整備されたからです。大正末期ですら「公園」といってもまだよく理解されていなかった時代、しかもわざわざ子どものための遊園がここに設置されたというのですから、このことは何よりも注目に値するでしょう。

この児童遊園は、日比谷公園の西側につくられました。そのとき、日本体育会という団体が遊動円木、鉄棒、回旋塔、米国式梁木、水平階梯などと呼ばれる、主に青年向けの運動器具をここに贈呈しています。また、少年用のブランコも一・二基ほど設置されたという記録が残されています。(注18)

さて、それではこの児童遊園に〈砂場〉は設置されていたのでしょうか。このことについて幸いにも佐藤昌氏（日本公園緑地協会名誉会長）からたいへん興味深いお手紙をいただきました。なんと佐藤氏自身が少年時代、つまり大正四年から九年頃、日比谷公園の近くに住んでいて、よくこの児童遊園で遊んだというのです。そしてその当時の記憶として、鉄棒やブランコは覚えているが、〈砂場〉についての記憶はなく、それは大震災以降に設置されたように思うというのです。ほかならぬ佐藤氏の記憶内容に重みを感じるものですが、このことは文献を通しても確認することができました。

当時、この児童遊園にはここにやって来た子どもたちと一緒に遊びながら子どもを監督するという人が配属されていました。これは「児童指導」と呼ばれる公園の組織的な事業の一環であり、大正末に始まって実に昭和四十二（一九六七）年まで続いたのです。

この最初の「児童指導」の責任者として、末田ます（一八八一～一九五三）という女性が任命されました。彼女は大正十二年に留学先のアメリカから帰国し、すでにYWCAにおいて児童指導の任に就いていた人物です。東京市から児童遊園での指導をしてほしいという要請を受けた彼女は、さっそく日比谷公園まで足を運んで「下見」をするのですが、その時の思いをあとで次のように回想しています。

末田ます

さて、日比谷公園に行って、自分のこれからの仕事場をみた時、私は、本当に決心がつき兼ねた。といふのは、大災後とは言へ公園の一隅に唯木製のブランコが数台と、そしてこれも木製の滑り台が二台、寂しく並んでいるだけの場所でしかなかったからである。(注19)

それでも、「児童指導」の仕事を引き受けた末田は、ないないづくしのなかで、子どもの遊び指導、遊園環境の整備、そして後継者の育成に全力を傾けました。末田ますはこう言います。

　都市に生活する子供達は、本当に可愛想である。たとひ子供達の好きな電車が走つて居り映画館が軒を並べて居ても、自然的環境を失つていては幸福な生活の場所とは言へない。……子供は自然の懐の中に自由に育てたい。(注20)

　彼女のことばは今日にもそのまま通じるように思われます。そして、この児童指導係末田ますも〈砂場〉については特別な思いがあったとみえて「砂場は児童遊園には欠くことの出来ないものである」(注21)と述べていました。ところが当時の日比谷公園は前述のようなありさまであり、「良い砂場がどこにも見当らないのも寂しいことであった」(注22)と記しているのです。ここに佐藤氏の記憶の正しさが証明されるでしょう。

　すでに、日本の幼稚園では〈砂場〉の普及が明治三十年代中頃からだったということを見てきており、その点で明治三十六年に開園した日比谷公園の児童遊園に〈砂場〉がなかったということは決して驚くにはあたりません。また、明治期の児童遊園といっても、当初それは比較的年齢の高い子どもを対象としていたこと、さらにそもそも「公園」というものの認知度が低い時代においては、幼い子どものための遊び場をわざわざ設けると

日比谷公園

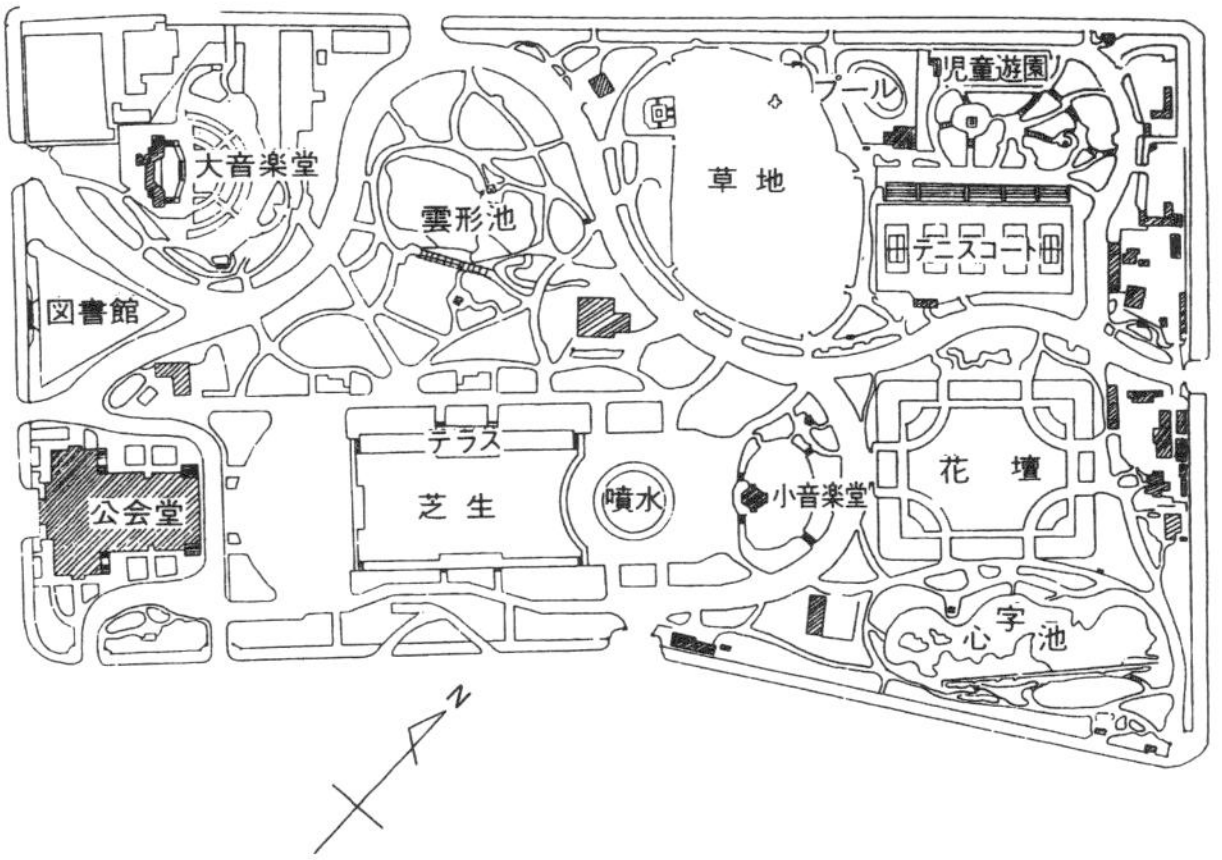

いうこと自体がまだ馴染みにくい考えであったと思われます。

(3) 欧米から来た小公園設置のアイディア

ところで、末田ますが訴えていたように、わが国の子どものための遊び場づくりは、大正末期においてもまだ十分なものではありませんでした。しかし、その取り組み自体は、すでに明治の終わり頃には細々ながらもともかく手は着けられていたという経緯があります。

明治四十三（一九一〇）年八月、東京市議会で当時内務省衛生局長というポストにいた窪田静太郎が、「小公園設置ニ関スル建議案」というものを東京市区改正委員会に提出しています。それは大意次のようなものでした。

「小公園設置ニ関スル建議案」

東京の都市開発計画において、現在二十数カ所を公園設置の予定地としているが、人口や家屋の急激な増加により、今後はいたるところに市民が散歩したり休息できる広場を設けることが公衆衛生上とても大切であると考える。また、多くの子どもたちが路上で遊んでいる様子というのは、たしかにそれが習慣とはいえ、他によい広場がないためとも考えられる。特に交通機関の発達が著しい近年は、子どもが交通の邪魔になることはもちろん、何よりも危険なことである。このような点からも、今後市内の適当な場所を選定してさらにいくつかの小公園を設置することが緊急の課題であると考える。よって本議会において専門委員会を設置し、公園設置の調査を開始することを提案したい。(注23)

これこそ、日本の公式な行政機関において児童のための公園設置が要請された最初のものです。この建議案はすぐに議決され、市内各地で小公園設置が可能な国有地の調査が始められました。翌明治四十四（一九一一）年には数寄屋橋公園や虎ノ門公園など合計八カ所の小公園がつくられ、以後、順次増設されて、大正九（一九二〇）年までには東京市内で合計三十六カ所を数えています。

ところで、このような市民生活の身近な場所に小さな公園をつくり、そこを子どもの遊び場として活用していくという考えは、そもそも日本独自のものではなく欧米諸国からの影響であったと思われます。先の末田ますもアメリカにおける児童遊園での実践をモデルとして学んだ人物でしたが、もう少し時代をさかのぼった明治三十年代から四十年代、外国の小公園に関する情報はすでに日本に入ってきていたのです。

その中でも片山潜と安部磯雄という二人の人物が注目されます。両者とも、明治期における社会主義者と目される人物ですが、片山潜は明治十七（一八八四）年に二十五歳で渡米し、明治二十九（一八九六）年に帰国しました。この間、ヨーロッパをも訪れて帰国後にその旅行記を書いています。明治三十六（一九〇三）年に書かれた『都市社会主義』はその一つですが、この第十六章が「都市の公園」となっています。

一方、安部磯雄は、キリスト教的人道主義の立場から社会主義を唱えたといわれますが、彼は明治二十四（一八九一）年にアメリカに留学、帰国前の五カ月間をベルリンに滞在して、明治二十八（一八九五）年に日本に戻りました。この時の見聞をもとにして発表したのが明治四十一（一九〇八）年の『応用市政論』という本です。

たいへん興味深いことに、片山にしても安部にしても、欧米の公園を紹介するなかで、児童のための遊び場としての小公園について触れていました。当時彼らが外国の小公園、特に、子どもの遊び場をどのように見ていたのか。そして、もしかするとそこには〈砂場〉に関する情報もあったのではないか。そのことを期待しながら、それぞれの関連する部分を見ておくことにします。

片山潜『都市社会主義』（社会主義図書部、一九〇三年）

グラスゴー市は種々の公園を有し、其ケルビ公園の如きはグラスゴー大学の下に在り博物館を有し、ケルビン河は中央を横断して流れ、実に市民の運動散歩には最良のものなり、而して其少年公園とも名くべき、特に小児の為めに設けたる小公園は、市内に十一個ありて、小児が運動をなすに備へられたり、之が為めにグラスゴー市は三万三千六百十四方平《ママ》ヤードの土地を有せり、此地の代価は二十六万四千七百四十円なりき、年々の維持費は一万四百十円にて、今日迄費したる建設費用は十一万四千五百四十円なりと、斯る小公園は小児の為めに設けられたる者にして、我東京市の如く小児をして通行頻繁なる市街道路に遊ばしむる危険なし、是れ我市民の将来大ひに思慮を用ゆべき問題なり、馬車は漸次増用せられ、電気鉄道亦四通する近きにあるべし、通行人数は今日に十倍すべし、此日や小児の運動場設置の必要欠くべからざるに至るべし。（中略）今日の如く公道を以て之に充つるは当底なし得べからざるなり、吾人は我東京市民が其公園政策に向つて大ひに注意し、之が一大改良刷新を計らんことを渇望して止ざる者なり。（九八～九九ページ）

安部磯雄『応用市政論』（日高有倫堂、一九〇八年）

公園の経営に関して吾人の最も注意せねばならぬことは大公園を造るよりも多くの小公園を造るといふことである。（中略）今一つ吾人の注意せねばならぬことは小児専用の為に運動場を設くることである。公園は勿論必要であるけれども小児の為めには種々なる不便利がある。公園内の花木を折ることは出来ぬ。或は芝生の上を歩行してはならぬといふが如き規則は小児に取りて多少の束縛たることを免れない。若し真に小児の為に謀るのであらば彼等の為に運動場を設くるが得策である。彼等は此所に来りて自由に駆け回はり飛びはねすることが出来る。我東京市に於けるが如く道路を以て唯一の運動場となせる小児の為には殊に之を設くるの必要がある。ニユーヨーク市に於ては盛に小運動場を設立するの方針を採つて居る。フ井ラデルフ井ア市の如きは模範的運動場を有して居る。此点に於てはロンドン市も甚だ見るべき所があ

ケルビ河畔の児童遊園。緑の木々や美しい花々で囲まれている

今日のケルビ河畔公園。遊歩道は散歩やジョギングなど，憩いの場所

る。青年男女の遊戯の為にフットボール、野球、庭球、クリッケットの運動場の設立せられしもの千に及ぶといふことである。実に盛んなものではないか。（二二七〜二三〇ページ）

外国の公園に学んだ彼らは、身近なところに子どものための遊び場をつくることを強調しています。今日からみればそれは当然な主張ですが、このことが日本で広く実践されるにはまだ少なからぬ歳月が必要でした。

ただし、残念なことに、片山、安部の両者ともに、小公園の必要を主張してはいるものの、具体的な子どもの遊びの様子や、期待した〈砂場〉については何も書いてはいませんでした。彼らにとっては、社会資本整備の意義を唱えることが第一義であり、子どもの遊びそのものにはあまり関心が向いていなかったようです。

いずれにしても、日本の公園が子どものための遊び場として本格的に使用されるようになるには、もう少し時間を待たなければなりませんでした。また、その先駆的な日比谷公園の児童遊園にしても、〈砂場〉の設置は関東大震災前後であったことをみれば、日本の場合、やはり先に見た幼稚園こそ〈砂場〉が初めて登場し、その普及を推進した場所であったと考えることが妥当なようです。(注24)

4. なぜ〈砂場〉は普及したのか

(1) 屋外遊具〈砂場〉のもつ象徴性

これまで、日本の幼稚園の〈砂場〉は、明治三十年代後半以降から大正期にかけて一気に普及し、そして大正期の終わり頃には誰もが認める「市民権」を獲得したことをみてきました。

さて、それではなぜこの時期に〈砂場〉は急速な広がりをみせることになったのでしょう。当時の〈砂場〉を取り巻く環境は、現代のそれとは正反対の状況にあったわけですが、それは単なる流行と呼べるものだったのか、それともこの時期は〈砂場〉が普及するうえで何か都合のよい条件があったのでしょうか。

このことについてわたしは、〈砂場〉の普及というのは何よりも、当時の日本の幼児教育がかかえていた課題と深く関係があったのではないかと考えます。明治二十・三十年代の幼児教育は『深柢幼稚園の八十年』が記していたように、フレーベルの恩物教育を中心としたものでした。それは自由な子どもの遊びというよりは、恩物を使った堅苦しい保育であり、それが、程度の差はあれ当時の特徴となっていたのです。

ところが、このような保育法に対して、やがてもっと違った幼児教育を目指す人々が現れてきました。特に、子どものもつ自発的な意欲や子ども本来の活動のエネルギーといったものを幼児教育の中でどう生かしていくかということが彼らの大きな関心となっていました。

ちょうどこの頃は、日本の学校教育の世界においても、子どもの「自発活動」「経験」というものを重んじるという新しい教育思想のうねりがありました。たとえば、明治三十二（一八九九）年、樋口勘治郎は「児童をして自己の活動（セルフアクティビティ）によりて遊戯的に学習せしむべきこと」[注25]を主張し、その実験的な教育の試みを開始しました。この年はまた、やはり子どもを中心とする教育を訴えたジョン・デューイの『学校と社会』が翻訳紹介された年でもあります。やがてエレン・ケイ（『児童の世紀』）、モンテッソーリ（『モンテッソーリ法』）といった同様の新しい教育の思想が次々と紹介され、その後の大正自由教育運動へと結実していくことになります。

このような教育界の動きは幼児教育の分野においても決して無関係ではなかったようです。特に外国の幼児教育の動向をいち早くとらえていた研究者たちにとって、また、具体的な幼児の姿に学んだ先見性をもつ実践家たち、さらに幼児教育を一般大衆のものとして普及することを目指していた人々にとって、硬直化した保育を打ち破り、幼児の興味を大切にする保育のあり方を追求することは最も重要な課題であったと思われます。

「砂原」「砂壇」のことばで〈砂場〉の設置を主張した東基吉は、若かりし頃の保育実践を回想して次のように述べています。

……当時なおフレーベル主義の保育法を固守する女高師卒業の老嬢たちを相手にたたかい……。[注26]

……私はこの恩物の取り扱い方に付いて、意見を出して見たことも時々あったが、どうも旧慣墨守の力の強い保姆さん達は一向顧みようとはしませんでした。若い保姆さんの中には私の意見に賛成してくれる人もあったようだが、年季をかけた古い保姆さん達に遠慮して口を出さない。[注27]

新しい幼児教育を模索するなかでは、大なり小なりこのような対立が見られたに違いありません。また、だからこそしっかりとした実践的裏付けのある理論を構築することが彼らには必要でした。そしてこれこそ〈砂場〉が普及していく時代的追い風であったと思われます。

〈砂場〉という遊び場は多量の砂が盛ってあるだけのきわめて単純な空間です。しかし単純であるがゆえに、そこは子どもが自由に、そして創造的に遊びを展開することが許される場所でもありました。〈砂場〉では誰も、「私と同じ山をつくりなさい」といった指示を出しません。また、そんな指示がなくても子どもたちは思い思いに自分のペースで活動し、独自の発想を広げていきます。

このことから、〈砂場〉は恩物主義とは対極をなす保育を可能にする場所であったと見なすことができるように思います。つまり〈砂場〉は、形式化したフレーベル主義保育に対するアンチテーゼとして、いうならば新しい保育の象徴として存在したともいえるのではないでしょうか。

創立から35年経た東京女高師附属幼稚園の保育の様子

(2) 日本の〈砂場〉の起源はどこに

さて、〈砂場〉が普及した経緯をつかんだところで、もう一度、日本の〈砂場〉の起源はどのへんにあったのか、その発生的な問題を考えてみたいと思います。

このことについて、わたしはあえて前では触れなかったことがあります。それは、明治三十一年に文部省が大阪市の照会に答えた「幼稚園庭園設計方」に関してのことです。再度、ここに引用してみます。

「幼稚園庭園設計方」（大阪府照会に対する文部次官回答）

四月十八日三第一六七五号ヲ以テ幼稚園庭園設計方等ニツキ御照会ノ趣了承当省ニ於テハ別ニ標準トシテ定メタルモノ無之候ヘトモ右ニ関シ女子高等師範学校ノ意見ハ大要別記ノ通ニ有之候條御参考相成度此段及回答候也

（別記）

一　幼稚園幼児遊戯ノ為ニ設クル庭園ハ幼児百名ニ付面積百坪トシ主トシテ運動遊戯ノ場所ニ充ツヘシ此外数十坪若クハ百坪以上ノ地ヲ加ヘテ樹木ヲ植ヱ花壇ヲ設ケ砂場（若干ノ地積ヲ画シテ砂ヲ盛リ以テ幼児ノ砂遊ニ充ツ）ヲ造リ又小山ヲ築ク等ノ場所ニ充ツルヲ可トス（注28）　（傍線筆者）

これこそ、「砂場」という文言が文部省の公的文書として初めて登場したものでした。ところがこの当時、〈砂場〉はまだよく知られてはいなかったというのは見てきたとおりです。とすると、そもそも文部省への情報源となった「女子高等師範学校ノ意見」というのは、一体どこから現れてきたものだったのか。このことこそ、日本の〈砂場〉の起源を探るうえで大きな鍵となるような気がします。

この当時、女高師教授兼附属幼稚園主事を務めていたのは中村五六（一八六一〜不明）という人物であり、たぶん彼のもとに文部省からの相談がもち込まれたと思われます。たしかに中村もまた、形式的な恩物主義を批判した一人でした。その点で、〈砂場〉との関連は深そうです。でも、それでは一体どうして彼が〈砂場〉という遊び場を文部省に紹介することが

中村五六

できたのでしょうか。

〈砂場〉は中村による「発明」だったのか、それともどこからか伝ってきたアイディアだったのか。ここに至り、わたしは東基吉がやはり若かりしころを回想して述べた次のことばに注目したいと思います。

当時幼稚園に関する日本の書物は文部省から出した（確か和本三冊本）ものと中村さんの幼稚園摘葉（一冊本）、夫に竹早町の女子師範学校長であった林吾一氏の一冊本だけで、何れも米国ものの翻訳のようでした。夫に雑誌はこれも米国出版の Kindergarten Review と Kindergarten magazine の二種が毎月来ました。夫で毎日そんな書物や雑誌を読破して、幼稚園に関する知識を収得することに努めました。(注29)

東基吉によれば、新しい保育の思想や実践が、定期的な刊行物を通してアメリカから入ってきており、それを彼らは学んでいたというのです。だとすれば、もしかすると、〈砂場〉についてもアメリカとの関係において何かを見つけることができるのではないか。

日本の〈砂場〉の起源を探るうえでわたしが最後に到達した考えはこのようなものでした。

［注］

1　文部省編『幼稚園教育百年史』ひかりのくに、一九七九年、九九ページ

2　同右、一〇三ページ

3 岡山市立深柢幼稚園『深柢幼稚園の八十年』一九六八年、六ページ
4 同右、十ページ
5 同右、七ページ
6 上笙一郎、山崎朋子『日本の幼稚園』（理論社、一九七四年）に当時の保育の様子が詳しい。
7 前掲『幼稚園教育百年史』七〇三ページ
8 同右
9 明治二十三年に女子高等師範学校が創設され、女子師範学校附属幼稚園も移管された。
10 京阪神連合保育会　復刻版『京阪神連合保育会雑誌』第一冊第5号、臨川書店、一九七三年、二二一～二二三ページ（なお、引用に際して旧仮名遣はそのままにし、旧漢字のみを改めて表記した。以後の文献・資料の引用もこの方式とする。）
11 岡田正章監修『明治保育文献集』第七巻、日本らいぶらり、一九七七年、二八七～二八九ページ
12『復刻・幼児の教育』第十二巻十二号、名著刊行会、一九七九年、五七一ページ
13『復刻・幼児の教育』第十三巻七号、二四五～二四六ページ
14 同右、二四八ページ
15『復刻・幼児の教育』第二十二巻四号、一三〇ページ
16 同右、一三一ページ
17 日本の公園の歴史については、鈴木敏ほか『公園のはなし』（技報堂出版社）、鈴木哲ほか『公園づくりを考える』（同）、田中正大『日本の公園』（鹿島出版会）、丸山宏『近代日本公園史の研究』（思文閣出版）等を参考。
18 日本公園百年史刊行会編『日本公園百年史』一九七八年、一六五ページ
19 末田ます『児童公園』一九四二年、五ページ（上笙一郎編『日本〈子どもの歴史〉叢書十九』久山社、一九九七年所収）
20 同右、一三七ページ
21 同右、三一ページ

22 同右、一六ページ

23 前掲『日本公園百年史』一七五ページ。筆者が現代語訳。

24 日本における〈砂場〉の歴史としては、小学校の〈砂場〉もその対象となる。しかし、結論から言えば、日本ではやはり幼稚園の〈砂場〉が小学校よりも先行していたため、本書では触れない。なお、小学校における〈砂場〉の設置とそこでの教育実践に関する歴史的考察として、富村誠氏の「学習材開発の歴史的背景」(富村他編著『生活科・学習材の開発と創造的展開』建帛社、一九九八)を参照されたい。

25 樋口勘治郎『総合主義新教授法』日本図書センター、一九八二年、一ページ

26 前掲　上笙一郎、山崎朋子『日本の幼稚園』七五ページより引用。

27 前掲　岡田正章監修『明治保育文献集』別巻、二〇五ページより引用。

28 前掲　文部省編『幼稚園教育百年史』七〇三ページ

29 宍戸健夫「『幼稚園保育法』解説」『明治保育文献集』別巻、二〇五ページより引用。

第2章

アメリカの〈砂場〉とプレイグラウンド運動

1．プレイグラウンド発祥としての〈砂場〉

(1) アメリカの〈砂場〉に関する記述

アメリカの〈砂場〉の起源、それは日本とは対照的に、たいへん明瞭な歴史的事実として記録に残されていました。しかも、それは子どものための複合的な遊び場づくりを推進させていく、まさにエポックメーキング（画期的）な役割を果たしていたのです。

このアメリカ最初の〈砂場〉については次のようないくつかの記述が見られます。

C・マッケンジー（一八九七）

アメリカにおける最初の夏期プレイグラウンドは、私が調べた限り、一八八六年の夏にボストンに設置されたものである。この遊び場及びそれと同時代の他の二つの遊び場は、まさしく砂の上につくられたものであった。それはDr. Marie Zarzewskaの指示によってつくられた子どものための〈砂場〉（sand heaps）であった。最初のものは教会学校の庭に設置されたが、後には公立の学校の校庭にも設置されるようになった。いずれも込み合った都市部における建物が隣り合って日陰となっているような中庭などに設けられたものである。この事業はマサチューセッツ緊急衛生委員会の監督のもとに進められ、当初からこの委員会委員長のミスE. M. Towerがこの庭の管理運営を積極的に行った。一八九一年の六月、公園委員会はチャールズ河畔の女性のための運動場・子どものプレイグラウンド協会の傘下に入り、ミセスG. W. Kateがその委員長を務めた。したがって、ボストンのプレイグラウンドは、すべて市民による協会の手による管理がなされていたのであるが、一部は私的に、そしてまた一部は公的な予算によって運営されていたのである。(注1)

J・リー（一九〇八）

一八八〇年代後半に入り、公営の屋外遊技場と男女共にいずれの年齢の子どもでも遊べる遊び場がボストンのチャールズ河畔にマサチューセッツ緊急衛生協会の努力によって建設された。これがアメリカにおけるプレイグラウンド・ムーヴメントの始まりであった。この出来事はDr. M. E. Zakrzewskaが、一八八七年にベルリンの公園につくられていた〈砂場〉（sand piles）で遊ぶ子どもたちの様子を協会の代表宛に書いた一通の手紙によって始まったものである。その指示は同様のものをボストンにもつくるというものであった。早速いくつかの〈砂場〉がつくられ、翌年にはそれをより発展させ組織を拡大するための委員会が設置された。さらに次の段階として、夏休みの期間中に学校の校庭を使用するようにし、そこに補足的な〈砂場〉がつくられたのである。そして次の年には、幼稚園において指導法を学んだ指導員がそこに配置されるようになったのである。

このような〈砂場〉設置の事業は成功をおさめ、ボストンの公園連盟は他の公園も同じ目的で利用していくことの検討を始めたのである。(注2)

C・レインウォーター（一九二一）

遊び場運動の起源として最も頻繁に指摘されるものは、ボストンに設置された〈砂場〉（sand gardens）である。Dr. M. E. Zakrsewskaが一八八五年の夏にベルリンを旅行中、公園の中の砂が盛ってある場所で、貴賤の隔たりなく小さな子どもたちが巡査の監視のもと遊んでいる光景を目にした。このことはさっそくマサチューセッツ緊急衛生協会の会長Mrs. Kateに手紙で伝えられ、その結果、パーメンター・ストリート教会およびウエスト・エンド保育所の庭に大きな〈砂場〉がつくられたのである。保育所に設置されたものは子どもたちがまだ二歳前とあまりに小さすぎて砂の扱いがうまくいかず失敗に終わったが、しかし前者の方は一八八五年の七月から八月にかけて、週三日およそ十五人ほどの子どもたちが、近所に住む女性たちが見守るなかで、小さな木のスコップで砂を掘ったり、数え切れないほどの「パイ」をつくったりした。それらはまた次の日、元気な子どもたちによって同じようにつくり直された。さらに、子どもたちは列をつくって歌を歌いながら行進したり、疲れると今度は見守っている女性の腕の中に入ってくるのであった。(注3)

アメリカで最初につくられた〈砂場〉に関する記述を、それが書かれた年代順に並べてみました。これらの資料から、アメリカで最初の〈砂場〉についておおよその様子をとらえることができるでしょう。ただ一つ、不可解なことは、最初の〈砂場〉が設置された年代が、一八八五年から一八八七年まで三年間の開きがあることです（このことについてここではあまり詮索せず、わたしは三番目のレインウォーター説を支持して話をすすめます）。(注4)このアメリカで最初の〈砂場〉については、日本においても昭和五（一九三〇）年、大屋霊城という人物が次のような紹介を行っていました。

然るに一八八五年の夏に成つて米の Marie E. Zakusseuska と伝ふ婦人がベルリン見学中に彼地の公園の中に砂山が作つてあるのを見た。而もその砂山には毎日々々富賤の別なく沢山の子供が集まつて巡査の指揮監督のもとに楽しく喜戯して居るので大いに感激して郷里の友人であり当時の衛生協会の会長の椅子にあつた Kate 婦人にこの由を詳細に報告してアメリカにもこの種のものを試みてくれと依頼した。婦人は直ちにこれを West End の幼稚園及 Parmenter Str. の教会内に試設した。この企ては幼稚園では児童が幼少で砂を目の中などに入れるので成功せなかつたが教会のほうは熱心な指導者が毎日付近の子供を集め十四五歳位までの大きな児童が盛んにこれを利用して好い結果を挙ぐる事が出来た。(注5)

ボストン市初期の〈砂場〉（小田切毅一氏より提供受ける）

さて、これらの資料からアメリカの〈砂場〉について次のような姿をとらえることができるでしょう。まず第一に、アメリカで最初に〈砂場〉がつくられた場所というのは東海岸都市ボストンだったということ。そして、「マサチューセッツ緊急衛生協会」なる組織がこれに関わったというのです。第二に、その〈砂場〉に関する情報というのは、ベルリンを旅行で訪れたM・E・ザクルシェフスカ（Zakrzewska：先の引用では、J・リーをのぞいてどれも原文の綴りが誤っている）という女性によってもたらされたものであったこと。さらにその意味では、アメリカの〈砂場〉のルーツというのはドイツに求められるということです。これらの点にもう少し焦点をあてながらアメリカの〈砂場〉の歴史に迫ってみようと思います。

⑵　十九世紀の東海岸都市ボストン

マサチューセッツ州東部、大西洋に臨むマサチューセッツ湾最奥部の港湾都市ボストンは、一六三〇年に清教徒が入植、その後独立戦争の端緒となるボストン茶会事件でも有名なアメリカ合衆国における歴史的旧都です。

一八一三年、このボストンにアメリカで最初の繊維工場が建設され、アメリカ合衆国初期における工業化の先進地域の役割を担いました。一八三〇年には鉄道が敷設され商業都市としても発展し、十九世紀後半には銀行、保険、投資といった金融業の中心地となります。その後も製鉄、造船、機械、印刷や食料品などの諸工業が発展し、豊かなボストン資本は当時の合衆国西部の開発にも投資されていったのです。

このように、十九世紀のボストンは商工業の中心地としてアメリカ合衆国の中でも最も活気を呈していた地域でありました。一八〇〇年頃、わずか二万人ほどの小さな町が、百年後の一九〇〇年には五十万人を越える大きな都市へと成長していきました。そのほとんどはヨーロッパ大陸からの移民であり、しかもその大半は母国で食い詰めた貧しい人々です。

そこに繁栄の光と影がありました。たしかにこれらの移民たちは、安上がりの労働力として社会発展の敷石とはなりましたが、都市発展の恩恵を被ることは稀でした。大きく産業化、都市化した社会において成功するのはごく一部の幸運な者たちであり、大多数の貧しいものはより貧しい生活を強いられる運命が彼らを待ち受けていたのです。

一八四〇年代に入り、ボストンに最初のスラム街が形成されています。移民たちの多くが社会の最下層として最も惨めで不潔極まる仕事（the lowest, meanest jobs）をしながらようやく生きながらえていました。失業や貧困、不衛生かつ精神衛生上も劣悪な環境は犯罪の温床ともなっていきました。

このような社会環境はそこで生活する子どもたちにも深刻な影響を及ぼします。まさにディケンズの「オリバー」アメリカ版の出現です。一八八三年の上院議会では学資関係委員会において次のような証言がなされていました。

労働者達はほとんどみんな同じように、不潔な借家や地下室や屋根裏部屋にすんでいます。……子供たちは一団となっ

ボストンの子どもたち（1890年頃）

て、ほとんど裸で街頭をほっつきまわっています。彼らはこんな風にして街の通りをブラブラあるきまわり、大人になると町中で一番性のわるい分子になるのです。彼等は教育なんか全然うけていません。(注6)

これまで経験することのなかった新たな状況、いわゆる都市問題の出現です。この問題にどう対処し、そしてそこに放り出されている子どもたちをどう保護し、健全な成長へと導いていくのか。繁栄の陰にたち現れた厳しい現実が、緊急に解決すべき課題として膨れ上がる都市社会に突きつけられたのです。

このような状況に対して宗教者や慈善家たちの関心が集まります。また、貧困者が居住する地域の中に住民とともに住み込み、衛生指導や生活改善を援助するという仕事、いわゆるソーシャル・ワークとしてのセツルメント（隣保事業）に取り組む運動家たちも現れました。

そんななかで正式名称「マサチューセッツ州緊急対策および衛生協会」が、様々な社会改良のための事業に取り組みました。そして、その一環として子どもたちの健全育成を図る仕事にも着手したのですが、その一つこそ、これまでアメリカにはなかった〈砂場〉という遊び場づくりの試みだったのです。

路上にさまよう子どもたちはすぐにこの〈砂場〉に集まり始めました。そして、レインウォーターが伝えるように、近所の主婦たちが見守る中で、子どもたちは砂を掘り、歌を歌い、行進したりして遊んだのです。

遊びは子どもたちのありあまる力を解放し、その健全なエネルギーの発散は子どもたちを非行から遠ざける最も効果的な方法となりました。遊びやレクリエーション活動が子どもの健全育成を果たす役割について、バトラーという人が後に次のように述べています。

健全なレクリエーションを行なうことは、人格をつくるのに役だつ。レクリエーションは明らかに犯罪や非行を予防する有力な手段となる。この問題に直接関係している機関は、レクリエーションを有力な味方として頼みにしている。レクリエーション活動は子どもや若い人たちを強く惹きつける力があるので、健全で豊かなレクリエーションが人々の心をとらえているような地域社会では、そのような適当な施設のない市や町よりも、非行はずっと少ないのである。遊園地でレクリエーション活動を行なっている子どもや若者たちは、同時に銀行を襲ったり、盗みを働いたり、他の犯罪を犯したりということはできるはずがない。それにまた、レクリエーションの指導者は、彼らに健全な興味をもたせ、それを追求する機会を与えるから、子どもたちが犯罪者となる機会は実質的に減少する。（中略）彼らには、非社会的な方法で満足を求める必要はほとんどないのである。（注7）

アメリカで最初の〈砂場〉は、まさにこのような先駆的な役割を果たすべく、最も困難な社会問題を抱えていた先進都市につくられたのでした。

(3) 〈砂場〉をアメリカに伝えた女性医師

次に、アメリカに〈砂場〉を伝えたという人物についても見てみましょう。ベルリンの公園で砂遊びをする子ども

M. E. ザクルシェフスカ

たちを目の当たりにして、すぐにボストンの友人に〈砂場〉のことを書き送った女性というのは、どのような人物だったのでしょう。

なにげない子どもの遊びのなかに、人間形成のための有効性を直感したその女性とは、マリー・エリザベス・ザクルシェフスカ[注8]（Marie Elizabeth Zakrzewska, 1829-1902）です。彼女は医師でありまた女性解放のためのパイオニアとしても活躍した人物でした。ザクルシェフスカの出身はドイツ、しかも彼女が〈砂場〉を発見したベルリンでした。

彼女の誕生は一八二九年、政府の役人を務める父と、ロンバルディ出身の母のもとに長女として生まれ、下には五人の妹と一人の弟がいました。彼女が七歳のとき、父親が革命騒動のなかで退職して家計は窮乏します。ザクルシェフスカは学校に行かずに小さな弟妹たちの面倒をみることもしばしばでした。このとき母親は、家計を支えるためのしっかりした職に就くべく、官立の学校に二年間通い、そして助産婦としての資格を手に入れたのです。やがて、父親も再び地方公務員としての職に復帰しましたが、母親は助産婦の仕事に誇りをもちそれを止めることはありませんでした。

このような母の姿はザクルシェフスカに大きな影響を与えます。やがて彼女も母親が通った同じ学校に学んで助産婦になることを志すのです。そして、学校を首席で修了した彼女は、その後研修生として通ったベルリン慈善病院ドクター・シュミット教授の推薦を受け、弱冠二十二歳の若さで産科婦長に抜擢されるまでになったのです。

ザクルシェフスカの能力と仕事ぶりは群を抜いていました。しかし、シュミット教授の急逝を機に、彼女の待遇を心よしとしない指導者と対立、ザクルシェフスカの心は新天地アメリカへと向かうようになりました。そして一八五三年、妹一人とともにアメリカへ渡り、とりあえずニューヨークに落ち着くことになります。

しかし、渡米後の何年かは爪に火をともすような貧しい生活が彼女たちを待っていました。雑貨屋の二階に部屋を借りて「助産婦」の看板を出してはみたものの、客はなかなか来ません。また、英語がよく話せなかったことも彼女の苦労を大きくしました。妹と一緒に朝から晩までドレス縫いをしてやっと幾ばくかのお金を稼ぐこともありました。

そんななかで、ドイツ語が話せる女性医師ブラックウェルと出会い、たがいに友好を深めることになります。彼女はアメリカにおける女性医師に対する偏見や機会の少なさをザクルシェフスカに訴え、将来に対する希望を語り聞かせました。そして、このブラックウェルに支えられながら、ザクルシェフスカはクリーブランド医科大学に進み、一八五六年に医師の資格を獲得するのです。

その後彼女は、ニューヨークからボストンに移り、ニューイングランド女子医大を経てニューイングランド婦人子ども病院に勤め、それからの約四十年間を医師、寮母、看護婦長そして病院経営者というような多忙な役割をこなしながら、女性医師の第一人者として活躍しました。

ザクルシェフスカはまた、女性の権利の獲得や奴隷制度廃止論者としても講演や執筆を行い、貧しい人々や子どもたちに対しても援助を惜しまず、多くの人々に生きる勇気と力を与えたと伝えられています。常に弱い者の立場に立ち、そしてその弱い人々をやがては自分の力で立ち上がれるように援助をし、励ますという彼女の生き方は、自らの生い立ちと経験の中で学び取られてきたものであったのでしょう。彼女は決して貧しい人々に直接お金を寄付することはしなかったといいます。そうではなく、親身になって人々の話を聞き、それぞれの必要に応じてお金の管理や健康衛生に関する訓練を行い、またレクリエーションの機会を与えるなど、人々が自立していける活動に対して援助を惜しまなかったのです。ザクルシェフスカは次のようにことばを残しています。

我々の黄金律は、真に助けを必要とする人々の願いをかなえ、困難な状況を改善する事ができるように実践していくことである。それは〝慈善〟ではなく、〝正義〟を実行することである。慈善というのは、患者に対する鎮静剤に等しいもので、暫くの間は効力を発揮しても、それが失われてしまえば元の木阿弥となる。(注9)

また、ザクルシェフスカの人物を伝える次のようなエピソードもあります。彼女がヨーロッパへの旅行に発とうとしていたまさにその日、ボストンのある裕福な患者の家から往診の依頼がありました。しかし、彼女は旅行を取りやめることはできないといってそれを断ります。ところがその直後に、今度は貧しい女性への往診依頼がありました。するとザクルシェフスカは即座に旅行を中止して、この女性の診察に向かったのです。このとき居合わせた友人に対してザクルシェフスカは「金持ちはいつでも助けを得ることができるが、貧しい人にとってそれは困難なことだ」(注10)と語ったといいます。ザクルシェフスカを記す人名辞典には「深い知識と慈悲の心をもって、人間愛のために献身的な働きをした」(注11)としめくくられています。

さて、これがアメリカに〈砂場〉をもたらすきっかけとなった人物像の一端です。それは意外にも著名な人物であったわけですが、努力家で感受性が強く、常に弱いものの味方であろうとしたザクルシェフスカ。そのような人物であったからこそ、ベルリンの〈砂場〉で遊ぶ幼い子どもたちの姿をめざとくとらえ、その意義を見抜くことができたのではないでしょうか。このようなザクルシェフスカの人となりを知るに至り、アメリカの〈砂場〉はまさにそのことにふさわしい人物によって産声をあげたのではないかとわたしは感じました。

また、五十歳を過ぎたザクルシェフスカが故郷ベルリンにおいて〈砂場〉と初めて出会ったというのも何かの因縁を思わせますが、このことは彼女の子ども時代にはまだベルリンには〈砂場〉がなかった（あるいは子どもの公園そのものがなかったのか）ということを意味するものでもあるでしょう。

(4) 全米に広がるプレイグラウンド運動

ボストンへの〈砂場〉の設置は成功をおさめました。大勢での遊びは子どもの鬱積したエネルギーを健康的に発散させ、遊びのもつ教育的な価値は誰の目にも明らかでした。

翌年の一八八六年には三カ所、さらに一八八七年には十カ所にも〈砂場〉は増えています。多くは貧困地帯の共同アパート付近に設けられ、やはり近所の年配の婦人たちが子どもの面倒をみましたが、一八九三年頃からは幼稚園の先生や資格をもった指導監督者が有給で雇われるようになりました。そして、シャベルや積み木などの遊具も整備され、一八九九年までにはボストン市内に二十一もの〈砂場〉が誕生しています。これらは公的な財政措置も受けるようになり、やがてブランコやシーソー、球技施設などを伴うプレイグラウンドへと発展していくのでした。

わたしに日比谷公園の記憶を伝えてくださった佐藤昌氏の『欧米公園緑地発達史』によれば、パーメンター・ストリートの〈砂場〉がボストン市内およびその周辺に及ぼした影響は次のようにまとめられています。

> この砂庭がボストン市内に及ぼした影響は次の通り大きなものであった。
>
> 1. 一八八九年に、ボストン市の公園課（the Park Department）が、遊戯場のため空地を整理して、之に芝生を張るため、＄一、〇〇〇の費用を支出し、之を前記の「マサチューセッツ州緊急対策並に衛生協会」に委託した。

当時のチャールズ河畔プレイグラウンド

2. 一八八七年に「遊園委員会」が市に設けられ、一八九一年に「チャールスバンク戸外体操場」（the Charlesbank Outdoor Gymnasium）が建設され公衆に開放せられた。この土地はチャールズ河に沿った一〇エーカーの土地で、周囲に垣を設け、内部にはブランコ、ラダー、シーソウを数多く置き、又一周五分の一哩のランニング・トラック及び砂庭、徒歩池、ボート及び水泳の為の設備が設けられた。

又之に続いて、ボストン周辺にも次の様な影響が見られる。

1. 一八九二年に組織された「ボストン広域公園委員会」（Boston Metropolitan Park Commission）が、多くの広場、遊戯場及び公園の新設計画を認めたこと。

2. 前記の計画に従って、ボストン市の公園課がフランクリン・フィールド（Franklin Field）を買収して遊戯場を建設したこと。之には四〇エーカーが陸上競技にあてられた。一八九五年「ブライトン遊戯場」（Brighton Playground）を設けるため$二五、〇〇〇の用地費を支出したこと。

この様にしてボストンの砂場から起った児童遊園は、次第に大人のための運動場に成長して行ったのである。（注12）

これはまさに、〈砂場〉によって引き起こされた画期的な事業の広がりです。さらにボストンの〈砂場〉から始まったこの動きは、またたく間に全米へと広がっていきました。まずニューヨークでは、一八八九年に「50番街」と

「ノース・リバー」にまたがる地域に二人の女性慈善家によって〈砂場〉が設けられました。さらに二年後の一八九一年に「99番街」と「2番通り」にかけて一エーカーの遊技場が「ニューヨーク公園遊技場協会」によって設置されています。

シカゴにおいては一八九二年、J・アダムスという女性が創設したセツルメント、「ハル・ハウス」に〈砂場〉がつくられ、ハンドボールや屋内野球が可能な施設も付設されました。また、一八九三年にはフィラデルフィアの二つの幼稚園に〈砂場〉付きの運動場がつくられ、さらに翌年には州の管理下において〈砂場〉が設置されています。

この他にも、ピッツバーグ、プロビデンス、ブルックリン、バルチモア、ミルウォーキー、クリーブランド、ミネアポリスといったアメリカの主要都市で次々と〈砂場〉を含む児童遊園、プレイグラウンドがつくられていきました。まさに、「プレイグラウンド・ムーヴメント（児童遊園運動）」と呼ばれる一大画期を呈する動きとなったのです。これらの諸都市ではわざわざボストンまで〈砂場〉の見学に訪れたり、ボストン衛生協会から講師を招いたりしながらその運動を進めていきました。

アメリカ合衆国ではその後、プレイグラウンドづくりを推進する中心的な機関として、一九〇六年に「アメリカ・プレイグラウンド協会」が設立されます。これはやがて一九一一年に「アメリカ・プレイグラウンド・レクリエーション協会」に、さらに一九三〇年には「全米レクリエーション協会（NRA）」へと発展的に改組されていきました。(注13)

ささやかな〈砂場〉から端を発した遊び場づくりの動きが、幼い子どものみならず青少年やシニアの人々をも含めて、心身の健康と人間本来の姿を取り戻そうとするレクリエーション運動へと発展したというのですから、何とも感慨深い話です。

パーメンター・ストリートの入り口。中央部分にノースエンド・ユニオンの看板がある

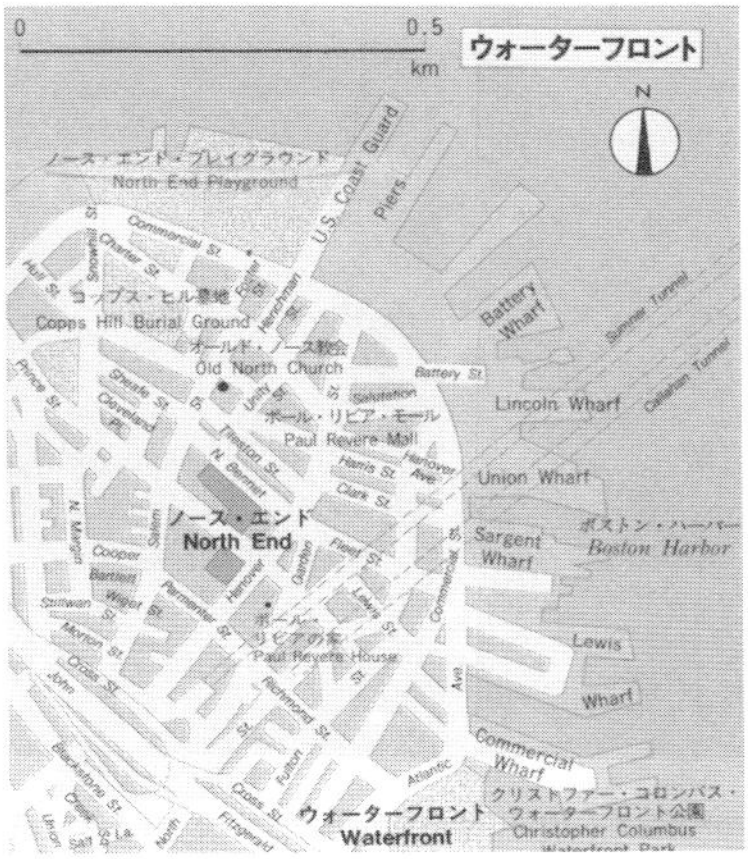

ノースエンド地区の地図

(5) 今日のパーメンター・ストリート

百年以上前、ボストンの教会から始まり、そして全米のプレイグラウンド運動の発祥となった〈砂場〉。

〈砂場〉への熱い思い入れをもち続けてきたわたしは、この事実をある種、複雑な思いをもって受けとめました。なぜなら、〈砂場〉が優れた遊び場であるということに異論はないものの、それにしてもこの小さな遊び場が後世に与えた影響の大きさには、正直なところ驚きの方がずっと大きかったからだと思います。そんなわたしにとってアメリカで最初の〈砂場〉がつくられたボストンは興味津々たる町となりました。

さっそくボストンの地図や旅行社のガイドブックも買い込んで、ノースエンド地区パーメンター・ストリートを探してみました。

歴史的な観光名所、オールド・ノース教会の東を走るハノーバー・ストリートを少し南に下ったところに、北西の方角に進むパーメンター・ストリートがありました。とても小さな路地のようで地図上からは、そこに昔あったという教会が今でもあるのかどうかはわかりません。東京にあるマサチューセッツ州観光局に電話で問い合わせてもみましたが、やはりよくわからないとのことでした。

今でもそこに〈砂場〉があるとはとうてい思えませんが、せめてその教会だけでも残っているならばどれほどすばらしいことか。地図上に眺めるボストンは、いよいよ自分の目で確かめてみなければならない町となりました。

一九九五年の春、実に一八八五年から数えてちょうど百十年目、わたしは念願かなってパーメンター・ストリートの入り口に立ちました。わずか七十〜八十メートルほどの短い通りで、そこから一見しただけではどうも教会らしき建物は見あたらないのですが……、胸が大きく高鳴ります。

周辺には赤・白・緑の三色旗を掲げたレストランやパン屋などの看板が目立ち、イタリア系住民の多さがうかがえます。左右に目をやりながら通りに入っていきましたが、教会らしき建物はなく、早くもパーメンター・ストリートは終わりに近づいています。

「やはり百年以上も前のことを調べるというのは無理なことだったのか」

期待は落胆にかわり、ため息にも力は入りません。でも、あらためてもう一度、一軒一軒をよく確かめながら歩いてみました。通りのちょうど中央にノースエンドの公立図書館がありました。そしてその隣は空き地で駐車場となっています。

図書館という公共の建物、その隣には空き地。もしかすると昔は図書館の場所に教会があり、空き地に〈砂場〉がつくられたのではないか。都合のよい思い込みに希望を託して図書館に入り、司書の方に尋ねました。しかし、よくわからないという返事です。

仕方なくもう一度外に出ました。ほとんど打ちのめされたような思いです。

ノースエンド・ユニオンの建物に入っていく子どもと大人たち。左端の女性の上の方に，この地の由来を記すプレートがはめられている

ロバート・デロ・ルッソー氏と「ユニオンの遊び場（Play Place at the Union）」の由来を記した案内プレート

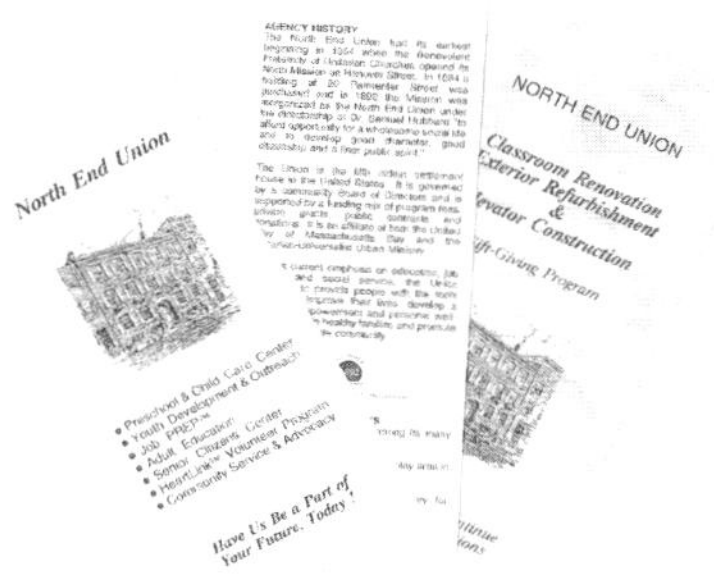

ノースエンド・ユニオン（North End Union）のリーフレット

と、そのとき、図書館の向かい側の建物に、先生や母親らしき女性に連れられた幼児の一団が入っていきました。

「おや、保育所でもあるのかな」と思い、わたしも建物の入り口に近づきました。その外観からは、どうみても子どものための施設があるようには思えません。でも、たしかに入り口の階段のところには模造紙半分程度の子どもの絵と保育園の看板が出ているのです。

目当てとした教会を見つけることはできませんでしたが、このいかめしい建物の中にある保育施設を見ていくのもいいだろうと、わたしも子どもたちの後について中に入りました。

受付の女性に挨拶をして、日本からわざわざこのパーメンター通りを訪ねてきた目的を話しました。女性はしばらく待つように椅子をすすめ、電話でディレクターなる人物を呼び出しました。

まもなく現れたディレクター、ロバート・デロ・ルッソー博士は、わたしの話をにこやかに頷きながら聞いていました。そして話を聞き終わるやいなや立ち上がると、受付のテーブルから一枚のリーフレットを持ってきました。

それは「ノースエンド・ユニオン」というこの建物の沿革と事業

内容を示すものでしたが、彼はそれを開きながら言いました。

「あなたの目的の場所というのは、まさに、わたしたちがいるこの建物です」

わたしは耳を疑いました。あっけにとられているわたしに彼は、右の人差し指を下に向けながらもう一度言いました。

「ここのことですよ。それは」

彼が手渡してくれたリーフレットに記されている建物の沿革史第一行目には「全米における最初の監督者付き子どものプレイグラウンド」と書かれています。

ルッソー氏は立ち上がり、ちょっとついてこいと言って外に出ました。そしてパーメンター通りに面した建物の壁にはめ込まれているプレートを指さしました。それはおよそ縦横三十～四十センチほどの大きさです。先ほどここをうろうろしたときには全く気づきませんでした。そのプレートには次のように書かれていました。

ユニオンの遊び場

一八八六年、アメリカにおける監督者付きの子どもの遊び場は、パーメンター通りにあった子どもミッション（今日のノースエンド・ユニオンの建物）に最初に創設されたといわれている。子どもたちは、幼稚園の先生や近くに住むボランティアの女性たちによる監督のもとここで遊んだ。監督の女性にはやがてわずかな報酬も支払われるようになった。プレイグラウンド運動が広がるに従って、公立の学校の校庭や十カ所を越える空き地も子どもたちの遊び場として利用されるようになっていった。

ノース・エンド

これを読むわたしの目頭は熱くなり、プレートの文字がにじみました。ルッソー氏が優しく肩を抱いてくれたことが何よりのねぎらいでした。

(6) ノースエンド・ユニオンの歴史

パーメンター・ストリートのある地域は、今日でもボストンの有名な歴史的名所を歩く「フリーダム・トレイル」と呼ばれるコースとなっています。このコースの歴史について触れた『ボストンの女性が築いた小路』にも「パーメンター・ストリート20番地」として次のような記述があります。

ボストン最初の公立児童遊園〈砂場〉が、一八八六年当時建っていた教会の庭に篤志家の女性たちの協会によって設置された。「砂まみれ、泥だらけで遊ぶのは子ども時代の特権である」というのが協会のケイト・ガネット・ウェルズ（Kate Gannet Wells, 1838-1911）のことばである。最初は母親たちが子どもを見守っていたが、やがては幼稚園の先生が雇われ、子どもたちに本を読んだり、歌を歌ったり行進したりして遊んでいた。(注14)

アメリカで最初の〈砂場〉が設置されたパーメンター・ストリート20番地「ノースエンド・ユニオン」についてもう少し詳しく触れておきましょう。(注15)

この施設は、いわゆるコミュニティ・ハウスともいうべきもので、日本のセツルメント運動の歴史の中では「隣保館」などと呼ばれた建物です。その事業の前身は一八五四年にハノーバー通りに創設されたキリスト教ユニテリアン派の慈善友愛会というものでした。これが一八八四年に現在地であるパーメンター・ストリート20番地に移ったのですが、建物の老朽化が激しくなったことから一八九二年に現在の建物に建て替えられました。〈砂場〉はその建て替え前の教会の庭につくられていたのです。

ノースエンド・ユニオンの事業目的は、「健全な社会生活の機会を人々に与え、よりよい人格・市民・公共心の育成を図ること」とうたわれており、アメリカ合衆国においては五番目に古いセツルメント・ハウスでありました。ボストンで最初の私立保育所もここに開設されたといいます。一八九三年にはミルク・ステーション、一八九四年に公共のお風呂の提供、そして一八九五年には住民の健康づくりのための相談指導を始めるなど、その目的通り近隣住民の健康と生活向上を目指した福祉活動を地道に行ってきた歴史をもっています。そして今日でも、就学前の保育センター、ことばや職業訓練等の生涯教育、コミュニティ援助サービスなどを行っているのです。

パーメンター・ストリートに百十年前そのままの〈砂場〉を見ることはできませんでした。しかし、ユニオンの建物には今日なお当時に通じるであろう人間への温かい息づかいを感じることができたように思います。(注16)

2. アメリカの〈砂場〉と日本の〈砂場〉の関連

(1) 日本の〈砂場〉の起源を探る仮説

アメリカにおける〈砂場〉の歴史は、日本とは違って児童公園を中心として始まり普及していったものでした。一方、幼児教育における〈砂場〉については、レインウォーターや大屋霊城らは、最初はあまりうまくいかなかったと述べていましたが、実はその後アメリカの幼稚園においても〈砂場〉は徐々に普及していきました。しかも、そこで興味深いのは、アメリカにおいても厳格なフレーベル主義の幼稚園とそれに批判的な幼稚園との二つの流れがあり、

〈砂場〉は後者の勢力によって支持された遊び場であったということです。
フレーベル主義をかたくなに守る幼稚園の中には、屋外の遊び場を全くもっていなかったところさえあったというのですが、フレーベル主義に批判的な幼稚園やセツルメントの色彩の濃い貧しい子どもたちを対象とした幼稚園などでは、〈砂場〉やすべり台、ブランコやシーソーなどを積極的に取り込んでいったのです。(注17)

　さて、このような歴史をもつアメリカの〈砂場〉ですが、わたしはここアメリカにこそ日本の〈砂場〉のルーツがあるのではないかと考えたのです。もっとも、アメリカの〈砂場〉もドイツにその起源があったわけですから、そうなると日本の〈砂場〉の真のルーツもドイツということになるでしょう。しかし、日本で〈砂場〉をつくることになる直接的な契機……ちょうどベルリンからザクルシェフスカがボストンに出した手紙のような、〈砂場〉の設置を強く促す何かがアメリカとの間にあったのではないか、わたしはそう考えました。

アメリカの幼稚園，屋外でのフレーベル教育見学会
（フィラデルフィア，1876年）

　その有力な候補としてあげられるのが、東基吉が言っていたアメリカの幼児教育雑誌です。ただし、それは明治三十一（一八九八）年五月の「幼稚園庭園設計方」との関わりで考えなくてはなりません。つまり、この時点で初めて、日本ではまだ一般的ではなかった〈砂場〉についての言及がなされたということですから、当然この期日以前の雑誌に注目しなければならないでしょう。

　一体、そこに何を見つけることができるのか。この課題の検証も

アメリカの幼稚園、第二恩物を使っての遊び（一八八〇年）

また、ボストン郊外にあるハーバード大学教育学部図書館で行うことになりました。なぜなら、百年以上も前の古い雑誌は、今日の日本ではなかなか見つけることができなかったからです。たぶん大震災や空襲によってそのほとんどが失われてしまったのです。

(2)『キンダーガルテン・マガジン』一八九七年十一月号

アメリカの幼児教育雑誌『キンダーガルテン・マガジン』は一八八八年に創刊された月刊誌です。その第十巻一八九七年十一月号、これこそわたしが長い間探し求めたものでした。

この号は「ソーシャル・セツルメント・プレイグラウンド（A SOCIAL SETTLEMENT PLAYGROUND）」を特集したもので、表紙をめくった口絵写真には「ノースウェスト大学セツルメント、プレイグラウンドでの子どもたち」と題する写真が掲載されています。

本文は、M・E・スライ（Mary E. Sly）による「シカゴのプレイグラウンド」という論文に始まり、この論文とともにプレイグラウンドに設置されている子ども用遊具の写真が紹介されています。最初のものは四～五人は乗れそうな木製の大きなブランコの写真、次に回旋塔で遊ぶ子どもたちの様子など。そしていよいよ最後の頁において「IN THE SAND PILE」

IN THE SAND PILE（キンダーガルテン・マガジン　1897年11月号）

と題して上の写真が掲載されていたのです。

二枚重ねの写真となっていますが、およそ子どもの目の高さから撮ったと思われる下の写真は、何とも迫力のある一枚ではないでしょうか。

また、上の方の写真からは、〈砂場〉の全体像と背景となっているプレイグラウンドの奥行きをつかむことができます。〈砂場〉の中では向かってやや左側に、子どもの監視にあたったお巡りさんの姿もしっかりととらえられています。

今日では考えにくいことですが、このような巡査も含めて、大人が子どもの遊び場の監督役を務めるというのは、アメリカのプレイグラウンドにおける基本的な考えでありました。先に見たレインウォーターもベルリンの公園の〈砂場〉で巡査が監視役を務めていたことを伝えていました。また、日比谷公園で児童指導を行った末田ますも、このことをアメリカで学んでいたのです。

『キンダーガルテン』誌にはこの号の他にも〈砂場〉に関する記事を掲載したものがありましたが、東京女高師の関係者らがこれらを「読破する」ことを仕事としていたならば、文部省への情報の流れもこの辺にあったのではないでしょうか。そして、この一八九七年十一月号というのはなによりも意味深いものだと思います。

つまり、「幼稚園庭園設計方」の文書は明治三十一年、西暦になおせば一八九八年五月のことでしたから、ちょうどその半年前の出版です。雑誌が船で運ばれてきたにしても時間的に符合するものです。そして何といってもこの〈砂場〉の写真は、文部次官に対しても新しい遊び場を納得させるうえで、十分な迫力を備えていたのではないでしょうか。

ところで、『キンダーガルテン』誌を介してのアメリカと日本の〈砂場〉の関係は、やや時代を下った大正五（一九一六）年の『京阪神連合保育会雑誌』第三十七号においてもみることができます。この号には『キンダーガルテン』誌に発表されていた「The Use of Sand in Kindergarten and Primary Grades」という論文の翻訳が掲載されました。翻訳したのは当時大阪医科大学の学生であった入間田悌佶と竹村一の二名でしたが、興味深いことに彼らはこの翻訳を『京阪神連合保育会雑誌』に掲載する前にすでに大阪の江戸堀幼稚園の膳園長に捧げたと記しているのです。

江戸堀幼稚園の〈砂場〉といえば、かつて倉橋惣三が絶賛したものです。二十六坪もの広い〈砂場〉をもち、藤棚の覆いや持ち運び可能な砂箱を用意するなど、この幼稚園が先進的な砂遊びの実践を行っていた理由をここに見つけることができたのです。

ささいな子どもの遊び場である〈砂場〉も、アメリカにおいては画期的な役割を果たしていました。そして、そのことは関連の雑誌等を介して日本にもまちがいなく入ってきていたのです。

(3) アメリカから見る「幻の砂場」

日本の〈砂場〉をアメリカの〈砂場〉とこのような関係で結ぶことができるとすれば、ここでもう一つどうしても触れておきたいことがあります。それはあの明治二十年代にあったといわれる岡山市の深柢幼稚園の〈砂場〉です。

ボストンに最初の〈砂場〉が設置されたのが一八八五年、これは日本でいうと明治十八年のことになります。この最初の〈砂場〉が、スラム街に住む子どもたちのためにつくられ、セツルメント運動とともに急速に広まっていったことはすでに見てきたとおりですが、実はそのボストンでのセツルメント運動を間近に見知っていた一人のアメリカ人女性が、明治二十四（一八九一）年に来日し、岡山市で日曜学校を開いていたのです。

その人物というのは、アリス・ペティー・アダムス[注18]（Alice Petee Adams, 1866-1937）で、岡山博愛会の創設者でした。アダムスは一八六六年、ニューハンプシャー州に生まれ、一八八九年にブリッジウォーター教員養成カッレッジを卒業後、出身校であるコーナント・ハイスクールの校長になります。この間、すでに宣教師として岡山市に来ていた叔父ジェームズ・ホレース・ペティー博士と相談し、アダムスはアメリカンボードの宣教師に任ぜられて、一八九一年に二十五歳の若さで来日したのです。

彼女のボストンにおけるセツルメント運動との出会い、そしてその人となりに触れることのできる次のような一文があります。

私は生来世話好きで女学校時代には随分とうるさがられた事もございました。私がブリッジ・ウォーター・ハイ・ノーマル・スクール（高等師範学校）に入学してからのことです。自宅と学校の間は可成の道を距てていましたから寄宿して

日本に来たばかりのころのアダムス

岡山で最初の自転車に乗るアダムス

いましたが休日によく帰宅いたしました。其の途中にボストン市の有名な貧民窟があります。

そこに飢と病に苦しむ多くの人々を見まして同情せずにはいられませんでした。

私は先にも話しましたような性質でしたから人一倍同情したことはいうまでもございません、余り苦しむ人々を見てはその儘にすることが出来ませんでしたので色々の御世話をいたしました。また帰校の途中は必ず自宅に咲いた花を手折っては不幸な是等の方々に贈り慰めていました。（中略）

私はこの頃から特に貧民の救済事業に興味を感ずる様になりましたが、私が微力をも顧みず貧民の友達となって一生を捧げるようになったのも此の頃に培われたのではなかろうかと思います。（注19）

アダムスを知るもう一つのエピソードがあります。岡山に到着後まもなく、彼女は南部日曜学校というところで子どもたちを相手に活動を開始しましたが、その頃彼女の自宅から日曜学校に行くには行幸堤を通るか、京橋を渡るかの二つの道がありました。アダムスは行幸堤を通る道を最初に選んだのですが、当時そこにはいわゆる貧民街があり、途上にはいつも子どもたちがたむろしていて、アダムスを見るなり悪口を言ったり石を投げつけたりしたのです。見慣れぬ外国人女性が、ましてや岡山では初めて見る自転車に乗っていたのですから、彼女に好奇の目が注がれたのも当然でしょう。

岡山南部安息日学校にて，日本到着後最初の日曜学校（1891年，明治24年のこと）。アダムスは最後列から３列前，中央からやや右

しかし、アダムスは決して日曜学校への道をこの行幸堤から変えることはありませんでした。逆に彼女は、絵入りの子ども新聞やカードなどを本国から取り寄せては、それを持って乱暴な子どもたちに自分から接近していったのです。そうこうするうちに、やがて子どもたちもアダムスを受け入れ、そのうち彼女を守る「親衛隊」までもがつくられたといいます。

以来、昭和十一（一九三六）年までの長きにわたって、アダムスは日本での献身的な奉仕活動を行いますが、やがて病を患い帰国します。そして、帰国翌年の一九三七年、マサチューセッツ州ニュートンにあるナーシングホームにおいて亡くなりました。七十一歳の生涯でした。彼女の明治期における主な活動を並べてみると次のようなものがあります。

明治二九年、私立花畑尋常小学校開設。

明治三二年、花畑キリスト教講義所開設。

明治三四年、花畑裁縫夜学校を開校。

明治三八年、花畑施療所を開設して無料診療を開始。後に

ほどこし風呂で子どもの世話をするアダムス

今日の岡山博愛会保育園の〈砂場〉
日よけがやさしい陰をつくっている

施療院（明治四〇年）、病院（昭和七年）となり、昭和二〇年の戦災まで無料診療を続ける。

明治三九年、幼稚園を小学校に付設。

明治四〇年、ほどこし風呂を開いて住民に無料入浴させる。

明治四三年、創立二〇周年をもって岡山博愛会の名称のもと、全ての事業を統括。記念事業として、岡山県最初の保育園を設置。

このようなアダムスの活動は、本国アメリカにおいて展開されていたセツルメント運動の、日本における萌芽的な実践とみることができるでしょう。岡山市といえば石井十次による岡山孤児院の活動などもありましたが、二人は互いに影響しあいながら活動を行ったといわれています。[注20]

さて、ここで話をもどしますが、アダムスがボストンにおけるセツルメント運動を身近に見ていたということからは、彼女が〈砂場〉の存在も知っていたという可能性もかなり高いといえるのではないでしょうか。だとすると、アダムスも何らかの形で〈砂場〉のような遊び場をつくったかもしれません。そして、もしそうであれば川一つ向こうの深柢幼稚園にも〈砂場〉が伝わっていったということは十分に考えることができるでしょう。明治二十年代の〈砂場〉の存在を考えるとするならば、こんな想定が可能かもしれません。

もちろん、これは推測の域を越えるものではなく、〈砂場〉の歴史を追う一つのロマンとしてしか語ることはできません。ただ、わたしとしては、〈砂場〉の歴史を追いかけるなかでこのアリス・ペティー・アダムスという女性に出会えたことをとても嬉しく思います。なぜなら、彼女はあのM・E・ザクルシェフスカとその人物像においてたいへんよく重なる思いがするからです。両者ともに幼き者、貧しき者、病める者に対する無償の愛を貫き、人間としての優しさと深い信頼を人々に与えており、だからこそそこには〈砂場〉という共通項が見いだせるように思えてなりません。

一九九五年の夏、わたしは岡山市にかつてアダムスから岡山博愛会の事業を受け継がれた更井良夫氏を訪ねました。八十歳を越える高齢にもかかわらず、確かな記憶力のもとアダムスの人物像、関連する資料、今日に残る歴史的な場所について丁寧にお話をうかがうことができました。そのなかで更井氏は驚くべきことを話されました。というのは、かつてアダムス記念館を建設するとき、そこに大量の砂が出てきて基礎工事がとてもたいへんだったというのです。

明治二十年代にあったという幻の〈砂場〉。その幻が、おぼろげながらも輪郭を現したような、そんな思いを感じる一瞬でした。

[注]

1 Mackenzie, C. "Playgrounds in Cities", *Kindergarten Magazine*, Vol. 9, May 1897 pp. 688-689

2 Lee, J. "History of Playgrounds in America", Mero, M. (ed), *American Playgrounds*, 1908, pp. 245-246

3 Rainwater, E.C. *The Play Movement in the United States*, 1921, p. 22

4 他には、Butlar, G. D. *Introduction to Community Recreation* (1940) と、Eriksen, A. *Playground Design* (1985) が、最初の〈砂場〉の設置年を一八八五年とし、Brett, A. *The Complete Playground Book* (1993) は、一八八六年としている。なお、*The Encyclopedia Americana* 22巻の「Playground」の項では、最初のボストンの〈砂場〉を一八八五年としている。

5 大屋霊城『公園及運動場』裳華堂、一九三〇年、一九六～一九七ページ

6 雪山慶正訳『アメリカ労働運動の歴史I』岩波書店、一九五八年、一三四ページ

7 G・D・バトラー、三隅達郎訳『レクリエーション総説』ベースボール・マガジン社、一九六二年、四〇ページ

8 ザクルシェフスカについては、後述の文献のほか、*A Woman's Quest : The Life of Marie E. Zakrzewska*, 1924, を参考。

9 The New England Hospital for Women and Children (ed), *Marie Elizabeth Zakrzewska : A Memoir*, 1903, pp. 17-18

10 同右、一八ページ

11 *Dictionary of American Biography*, Vol.10 p. 642

12 佐藤昌『欧米公園緑地発達史』都市計画研究所、一九六八年、二四〇ページ

13 〈砂場〉が全米に普及した経緯やその影響については、小田切毅一氏による『アメリカスポーツの文化史』（不昧堂出版、一九八二年）、および「レク運動とプレイグラウンド運動」（月刊『レクリエーション』一九八四年十月号）に詳しい。

14 Smoyer, M. *Boston Women's Heritage Trail*, 1991, p. 13

15 ノースエンド・ユニオンのリーフレット "North End Union" (North End Union 20 Parmenter Street Boston, MA02113 発行)、および Todisco, P.J. *The North End*, 1976 を参考。

16 ノースエンド・ユニオンは、残念ながら一九九七年に閉鎖されたが、現在は新たにハノーバー・ストリートに面して「ノースエンド・コミュニティ・ヘルス・センター」が設立され、地域医療に貢献している。なお保育施設「ノースエ

ンド・チルドレンズ・センター」も、この建物の地下に移っている。

17 アメリカの幼稚園と〈砂場〉の詳細については、拙稿「屋外遊具施設の発展と保育思想（3）―アメリカにおける〈砂場〉の歴史―」『北海道教育大学紀要』（教育科学編）四十九巻二号を参照されたい。

18 アダムスに関しては、社会福祉法人岡山博愛会『社会福祉法人　岡山博愛会百年史』（一九九一年）を参考。

19 同右、二八四ページ

20 アダムスの日本における活動をセツルメント史の観点から論じたものに次のものがある。

西内潔『日本セツルメント研究序説』宗高書房、一九五九年

一番ヶ瀬康子「日本セツルメント史素描」『日本女子大学文学部紀要』第十三号、一九六四年

第3章

ドイツに探る〈砂場〉の起源

1．ドイツの幼稚園と〈砂場〉

(1)　フレーベルの幼稚園と〈砂場〉

M・E・ザクルシェフスカが、久しぶりに故郷ベルリンを訪れて〈砂場〉で遊ぶ子どもたちの姿を見たのは、一八八五年のことでした。そしてこれが、後のアメリカにおけるプレイグラウンド運動のきっかけとなった決定的な瞬間です。

その四十五年前の一八四〇年、フレーベルはブランケンブルクに世界で最初の幼稚園をつくっています。はたしてそこに〈砂場〉は存在していたのでしょうか。

たしかにフレーベルは、「砂」のもつ教育的な価値について触れていました。たとえば彼の代表作ともいえる『人間の教育』では次のように述べています。

……同様に少年は、可塑性をもっているもの、たとえば砂とか粘土などでいたずらするのを非常に喜ぶ。それらは子供の生命発達上の要素であるといいうるだろう。（注1）

世界で最初の幼稚園がつくられたブランケンブルクの今日の街並み

フレーベルは子どもの遊びにおける大切な自然素材として、「砂」を評価していました。当然、〈砂場〉についても何らかの言及がありそうです。

ところが、わたしが見た限り彼の主な著作には〈砂場〉を思わせるような遊び場の記述を見つけることはできませんでした。「砂」の利用ということに関しては、せいぜい室内での机上における砂いじりの様子が記されているだけで、あとは、それこそ子どもは自然の中で砂を使った遊びを好むといった一般的な記述だけです。

もっとも、この『人間の教育』はフレーベルの幼稚園がつくられる十四年も前に書かれたものでしたから、屋外遊具についての記述がないというのは仕方がないかも知れません。そこで、彼の『幼稚園教育学』という著作も見ておきましょう。

この中には、「幼稚園における子どものための庭」と題される部分もあり注目すべきところです。しかし、ここにも〈砂場〉に関する記述はなく、さらにそこに掲載されている「庭」の平面図にも〈砂場〉は描かれていないので

フレーベル幼稚園の庭。フレーベル自身によって，子どもの畑がデザインされた。
畑は個人用と共同の部分からなり，各々の責任と協力が求められた

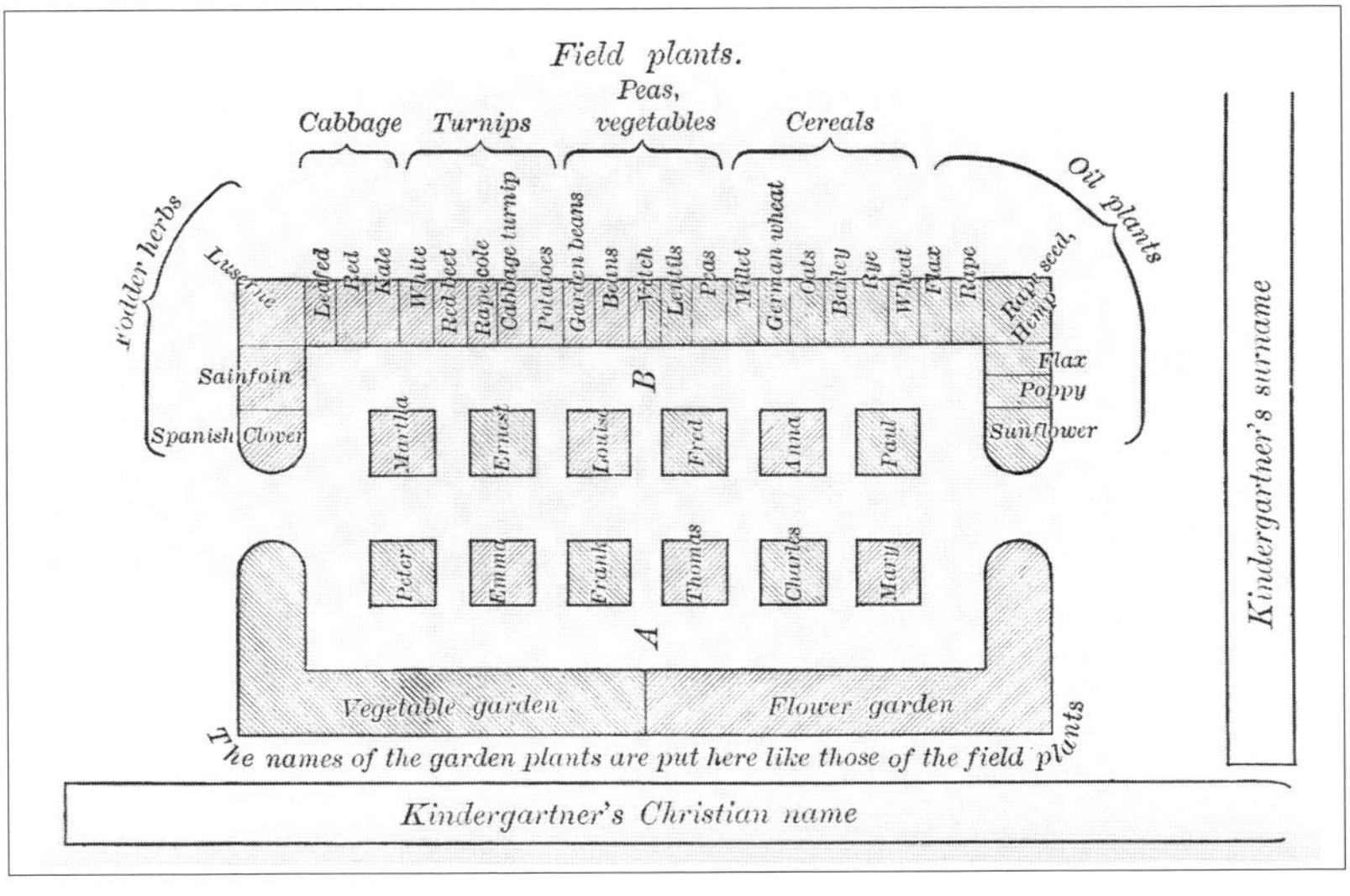

す。ここでの「庭」はまさに花壇や菜園のことであって、〈砂場〉という遊具を見つけることはついにできませんでした。

実はわたしは、東京女子師範学校附属幼稚園に〈砂場〉がなかったことを知ったときから、フレーベルの幼稚園にも〈砂場〉はなかったのではないかとひそかに思い続けてきました。つまり、フレーベル幼稚園の忠実な模倣である日本の幼稚園に、フレーベルの幼稚園に存在していたものがないはずはなく、結局それは最初から存在しなかったのではないかと考えたからです。

しかし、何といっても幼児教育の歴史において、金字塔ともいうべきフレーベルの存在です。そんな彼の幼稚園に、今日では当たり前の遊具である〈砂場〉がなかったということは、にわかには信じがたいことです。

フレーベルの幼稚園に〈砂場〉はあったのか、なかったのか。また、いずれにしても、ドイツにおける〈砂場〉はどのような歴史をもっていたのか。

日本の〈砂場〉のルーツとしてのアメリカ、さらにアメリカのルーツとしてのドイツ。いよいよその本家本元の〈砂場〉に迫ってみたいと思います。

(2) シュラーダー・ブライマンの民衆幼稚園

一八八五年、M・E・ザクルシェフスカがベルリンの公園に〈砂場〉を見たという事実から、わたしはあることを思い起こしました。それは、当時、ベルリンには貧しい子どもたちを対象とした民衆幼稚園（Volkskindergarten）というものが存在していたということです。

アメリカにおいて〈砂場〉が貧しい子どもたちのための遊び場として始まったことを思えば、この民衆幼稚園との関連で〈砂場〉の歴史についても何かを見つけることができるのではないでしょうか。

ベルリンでの民衆幼稚園は、フレーベルの遠縁にあたる女性シュラーダー・ブライマン（Henriette Schrader-Breymann, 1827-1899）によって一八七二年に始まったといわれます。それは貧困層の子どもに対する救済と支援という福祉的要素の強い幼稚園として、二歳半から六歳までの幼児を対象に設立されました。

六年後の一八七八年には「フリードリッヒ街の民衆幼稚園協会」というものが結成され、民衆幼稚園運営のための財政管理や給食の実施に着手します。さらに、六歳から十歳の児童を収容する学校や女子のための料理・家政学校、そして女性教員の養成所などが次々とつくられ、これらすべてが「ペスタロッチ・フレーベル・ハウス（Pestalozzi Fröbel Haus）」と総称されるようになります。やがて、この「ペスタロッチ・フレーベル・ハウス」で学んだ者たちはドイツ国内だけでなく、イギリスやスウェーデン、アメリカ、そして日本でも活躍するようになりました。

シュラーダー・ブライマン

シュラーダー・ブライマンはフレーベルに影響を受けて幼児教育の世界に入った女性でした。しかし、凝り固まったフレーベル主義者とはかなり様子が違っていたようです。形式化したフレーベル主義教育を現実の子どもの生活から遊離していると批判し、自らも恩物による教育は途中からきっぱりと止めています。また、保育実践では日常の家庭的作業や子どもの自由な遊びや活動を大切にし、図画や歌やお話でも子どもたちの遊びや体験と結びついた内容が工夫されました。

このようなシュラーダー・ブライマンの民衆幼稚園は、「セットルメントと学校の結合したような施設」（注2）とも評されるもので、それはまさしく、これまで見てきた幼児教育と〈砂場〉とを結びつけてきた条件にぴたりと合致するものです。このことが、わたしがベルリンの公園の〈砂場〉からシュラーダー・ブライマンを思い起こした大きな理由でしたが、はたしてこの幼稚園に〈砂場〉はあったのでしょうか。また、あったとすればそれはどのような扱いになっていたのでしょう。

(3)『ペスタロッチ・フレーベル・ハウス協会新聞』

『ペスタロッチ・フレーベル・ハウス協会新聞（Vereins Zeitung des Pestalozzi Fröbel Hauses）』一八八九年四月号は、この民衆幼稚園における〈砂場〉と、シュラーダー・ブライマンの〈砂場〉についての考えを明らかにしてくれる貴重な資料です。

それは大きく二つに分けられます。まず最初は、アメリカのボルチモア出身という女性が、シュラーダー・ブライマンに宛てて書いた手紙の部分です。ここに〈砂場〉に関する質問が書かれています。そして、後半の部分は、質問に対するシュラーダー・ブライマンからの回答です。

「**ペスタロッチ・フレーベル・ハウス協会新聞**（№９・四月・一八八九年）」

ボルチモア（出身）の、Miss Laura Kopp から、ヘンリエッテ・シュラーダーさん宛て

……ペスタロッチ・フレーベル・ハウスでの楽しいひとときが、私の胸深く刻まれております。あなたのご厚意があったからこそのことなのですが、このように再びお願いを申し上げる失礼をお許し下さい。

あなたがお知りになるように、アメリカでは幼稚園の建物と園庭とが有機的にうまく結びつけられませんでした。そのことに設置上の欠陥を感じています。だからボストンでは、一時的にですが砂場（sandgärten）を使ってみたいと思っています。私はそのような砂場という遊び場を、あなたのペスタロッチ・フレーベル・ハウスで拝見いたしました。しかし、フレーベルの書物の中には、そのことについて何も見つけることができませんでした。それでお願いがございます。この砂場という遊び場の設置と利用について詳しいことを教えていただきたくここにお手紙差し上げます。どうぞ宜しくお願いいします。

（中略）

ミス・シュラーダーとミス・シェーペルによる砂場の設置の図式化

Ⅰ（設置）場所：できるだけ風通しの良いところ。午前か午後、子どもたちがそこにいる間に日が当たらないような日陰ができるような場所。もしもそういった砂場の場所が選択できないのなら、テントのようなものの設置が望まれるであろう。そして乾燥した土地。

Ⅱ 大きさ：二〇人の子どもに対しておおよそ七十五平方メートルの広さ。

Ⅲ 設置するもの：場合によっては用具保管のために施錠できる小屋を設ける。角に大きな砂山。いくつかのベンチ。

Ⅳ 遊び道具：シャベル、荷車、板車、ジョウゴ、砂遊び用のブリキの鋳型、小枝や草花、板切れ、薪、石など。

Ⅴ 二〇名ぐらいの子どもに対して女性の先生一人。三歳から満五歳までの組み合わせか、または同年齢の子どもたち。年長組と年少組をまぜると、たとえば、重い石や木片で遊ぶ場合、特別な注意が必要であろう。

Ⅵ 子どもたちが砂場にいる時間：状況次第。百人の子どもが幼稚園に来ていて、五時間いる場合、子ども二〇人が一グループになって、一時間ずつというのが良いだろう。砂場を利用するのはいつも一グループだけで、その間、他の子どもたちは〝フレーベル〟の学習法をやったり、運動遊びをやったりしている。比較的大きな砂場だったり、監視する人がいるときは、大都市の子どもたちにとって、外で自由に何時間か遊べるならそれに越したことはない。

Ⅶ　学習の仕方：自由遊び。

Ⅷ　女の先生の子どもたちに対する関係：先生はもっぱら見ている方がよい。ある時は手助けをするがやりすぎないように。しかし、それは参加しないということではない。先生は子どもたちと一緒に楽しむ。ある時は手助けをするがやりすぎないように。子どもたちに、時折ことばをかけるが、あまり話しかけ過ぎたり、指示し過ぎたりして、子どもたちの発見や創造、なにかを手にいれたりする大きな楽しみを奪ってはいけない。フレーベルの「人間の教育」の中には、次のようなことばが見いだされる。「子どもたちに対するとき、内的には活発で、外面的には受動的でありなさい！」

［註］

砂場の意味：砂場は子どもたちにとってきわめて重要だ。なぜなら砂場は可塑性をもった学習素材を提供してくれるから。ある時、私は見たことがある。子どもたちが舗装された道路にあった穴ぼこのところへ夢中になって走っていったのを。彼らはそこで自由に形を作ることのできる土を穴ぼこから取り出していたのだ。もし子どもたち、とりわけ男の子たちに、あまり制限をしないで自由に身体を動かさせて、創造衝動を体験させる機会を与えてやれるなら、彼らの動物的な激情が抑制される。そしてこの目的のためには、木片、板、石などが砂場では役に立つ。

一般的に幼稚園で使われる子ども相手の素材

本来の〝フレーベル的遊び〟は今、たいていの幼稚園において、子どもたちにとても長い時間座らせたり、見ることを強いたり、一方的に理解させることになってしまっている。そして、身体を動かして精神的想像力を養うような十分な機会を与えていない。もし〝フレーベル的遊び〟が節度をもって用いられるのであれば、それは小さな子どもの教育にとっても意味あるものとなるのであるが。

遊びの仕方：ペスタロッチ・フレーベル・ハウスでは、他の幼稚園に比べて、自由でバランスの取れた発達を、遊びを生かして育成するという機会が多くなっている。さらに、フレーベル的な遊具を使用するだけではなく、散歩や家での手伝いなどのような活動が取り入れられている。

ペスタロッチ・フレーベル・ハウスでは砂遊びの際、水も使って差し支えない。当然ほどほどにであるが。ここでは述べにくいことだが、ある経験から砂場の近くにはつるべ井戸が掘ってある。力のある子どもたちは、ジョウゴに水を一杯にさせるのにいつも自分でやりたがり、他人にはやらせたがらない。彼らは自分たちで湖や川を作る。乾きすぎる砂は自分たちで湿らせる。

遊び道具は子どもたち全員にいきわたるように沢山なければならないが、二〇人の子どもたちにいろいろな種類、それぞれ二〇個の道具が必要なわけではない。それらは交代で使われるし、そうすれば仲良しになれるというすばらしい教育手段にもなる。子どもたちは自分たちでそれらの道具や砂場をきちんと整理しなければならない。そして道具は使ったあとはきれいにして、保管小屋にきちんと整頓し、鍵をかけておかなければならない。

道具がこわれたら、女の先生は幼稚園に続く七〜八歳の子どもたちのための労作学校で子どもたちと一緒に修理をすることになる。

ベンチはかなり大きな生徒たちによって交代で砂場に運ばれる。遊び終わったあとも再びもとのところへ返しておく。このベンチは、疲れた子どもの休養に使われたり、幼児たちが鋳型でいろいろなものをつくって並べたりするのに使われる。

自由と束縛

子どもたちが砂場でのすばらしい自由を満喫するときもあれば、すぐ隣にある花壇や野菜畑で子どもたちは規律に従って仕事をしなければならないときもある。

自由と束縛は、子どもらの年齢に応じて正しく、行われなければならない。偉大な教育規律、つまり「対立するものの仲介」が本当になければならない。冬には砂の箱によって、砂場を部屋の中へ置き換えることをわれわれは試みる。

(4) 民衆幼稚園の〈砂場〉が果たした役割

やはりシュラーダー・ブライマンの幼稚園に〈砂場〉は存在していました。そしてこの記述を見る限り、それは相当よく整えられた〈砂場〉として、しかも民衆幼稚園の教育課程のなかにしっかりと位置づけられていたことがわかります。

一方、シュラーダー・ブライマンに手紙を書き送ったこのアメリカ人女性にも、わたしは共感を覚えました。彼女はおよそ百年前、実にわたしと同じようにフレーベルの書物に〈砂場〉を探していたのです。そしてその結果もやはり同じでした。フレーベルに〈砂場〉を見つけることはできなかったのです。

ところで、シュラーダー・ブライマンは〈砂場〉での遊びは「自由遊び」と一言で言い切っており、砂遊びを通して子どもの主体的な活動や創造性を育てていくことの大切さを語っています。〈砂場〉での活動は、ブライマンが目指した子どもの主体性を尊重する様々な保育実践の一つとしてとらえられていたのです。他方、彼女は、フレーベル的な遊びが形骸化してしまい、子どもの自由な活動を奪い始めていることに懸念を表明しています。

この協会新聞の発行は一八八九年四月でした。アメリカ人女性がここを訪問したのはおそらくこの年か、あるいは前年の一八八八年のことだと思われます。ちょうどその時期は、アメリカにおけるプレイグラウンド運動がようやく緒についたばかりのころであり、その点でこの女性は〈砂場〉についての疑問をアメリカ国内ではなく、ドイツのシュラーダー・ブライマンに尋ねざるをえなかったのでありましょう。

このように、ベルリンの公園の〈砂場〉をきっかけとして、同じくベルリンにあった民衆幼稚園の〈砂場〉の存在がわかりました。しかし、この幼稚園の〈砂場〉が一体いつつくられたのかということはまだ明らかではありません。最も早ければシュラーダー・ブライマンが民衆幼稚園をつくった一八七二年ということも考えられますが、それはわかりません。

今日のペスタロッチ・フレーベルハウス幼稚園の〈砂場〉

ベルリンの〈砂場〉は、民衆幼稚園から生まれたものなのか、公園に設置されたものが最初であったのか。一八八〇年代前後のそれぞれの点と点は見えてきたのですが、それらがどのような関係にあったのかはまだ不明です。そこで今度は視点を変えて、ドイツの公園史に〈砂場〉を探ってみることにします。

2．ドイツの公園から考える〈砂場〉

(1) ドクター・シュレーバーという人物

『公園と都市（The Park and the Town)』という本を書いたチャドウィック（G. F. Chadwick）は、ドイツにおける初期の児童公園について次のように記しています。

一九世紀の中頃、ドクター・シュレーバーによるたいへん興味深い、しかもドイツ的な特徴をもつ公園設置の運動を見ることができる。彼は基金を設けて土地を買い、およそ二〇〇平米の小区画にして市民に貸与した。彼の考えは私的なシュレーバー協会によってより発展し、体操場や集会場がつくられた。遊び場がシュレーバー・ガルテンの真ん中に設置され、個人でも共同でも楽しむレクリエーション活動が行われた。今世紀初頭になって、この考えは多くのドイツの都市に広まった。(注3)

ドクター・シュレーバーという人物、そしてシュレーバー・ガルテン。これらは一体どのようにドイツの公園史に関わるというのでしょう。

ここに記されたドクター・シュレーバーというのは、ライプチヒの整形外科医ダニエル・ゴットリープ・モーリッツ・シュレーバー（Daniel Gottlieb Moritz Schreber, 1808-1861）です。彼の人物像について、モートン・シャッツマン（Morton Schatzman）という人が『魂の殺害者』という本の中で次のように書いています。

ドクター・シュレーバーと家族。ライプチヒのクラインガルテンにて撮影されたもの

ドクター・シュレーバー

> 著名な精神病者の父、ダニエル・ゴットリープ・モーリッツ・シュレーバーは並外れた男だった。彼は人間の解剖学、生理学、衛生、体育に関する本を書き、体操によるボディビルに熱中し、毎日運動を欠かさず、庭に鉄棒や平行棒を設置し、体育協会を創立し、そのための体育館を建て、学生団体を説いてそのメンバーを体育協会に強制的に加入させることに成功した。（中略）
>
> シュレーバー博士は、シュレーバー菜園もはじめた。これは、都市の居住者が郊外に小さな土地を所有し、週末に耕しに出かけるもので、スイスの一部およびドイツでまだ広く行われている。（注4）

何やら奇妙な人物紹介ですが、彼にはいくつかの違った顔がありました。まず第一に、右の引用の冒頭に「著名な精神病者の父」とあるように、彼はその息子ダニエル・パウル・シュレーバー（1842-1911）という人物の父として、二次的に有名になった男です。

息子のシュレーバーというのは四十二歳のときに精神分裂症にかかり、それから六十九歳で亡くなるまでの間に十三年間を精神科の病院で過ごしています。その間、一時回復の兆しが見えた六十一歳のとき、自分の経験や思いを『ある神経病者の回想録』という本にまとめて出版したのですが、これがフロイトによって研究されたことからこの息子シュレーバーが

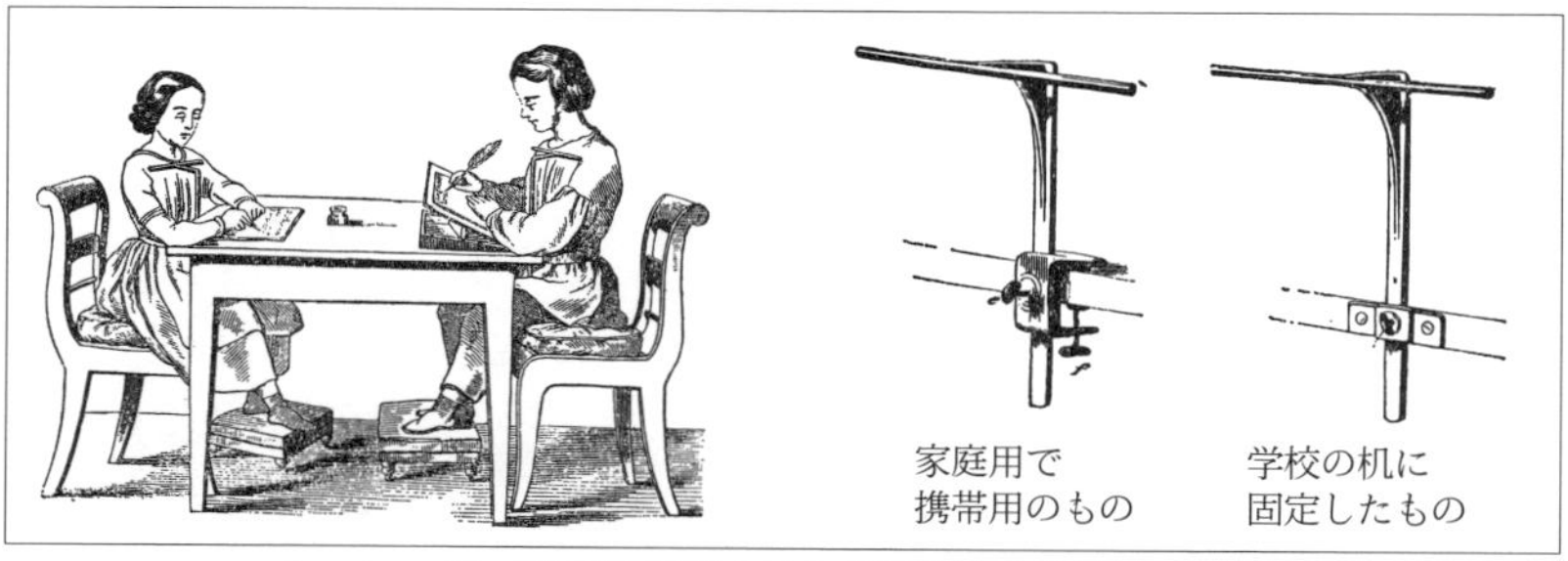

シュレーバー垂直姿勢器とそれを使用した子どもの様子

一躍世に知られることになりました。フロイトは、シュレーバーの病気の原因を「同性愛的愛着の抑圧、反動形成、投影」と診断しました。(注5) ところが、先の『魂の殺害者』の著者シャッツマンは、息子シュレーバーの迫害妄想は幼少の頃から父によって受けた様々な肉体的、精神的迫害が原因であったと断言しています。

彼によれば、父のシュレーバーは子どもの好き嫌いやわがままは決して許さず、大人への絶対服従を教育の方針としていました。また、そればかりでなく、いろいろな身体的束縛を彼は子どもに与えていたのです。たとえば、文字を書くときに体が前屈みにならないようにシュレーバー垂直姿勢器なる器具をつくり息子に試しています。他にも子どもの頭が前や横に傾かないようにするための頭部固定器（ヘッドギア）や、眠っているときにきちんと仰向けのままでいられるような装置など、矯正器具を用いた異常なまでの子育てを行っているのです。

シャッツマンは、彼のような育児法であれば「どんな子どもでもめちゃくちゃになったであろう」(注6) と述べ、教育における愛という名の迫害ほど子どもの心をだめにするものはないと警告しています。このように心理学、精神分析の分野に登場するシュレーバーの第一の顔は、今日のわれわれの子育てにおける反面教師として登場するのです。

次に、第二の顔、これは体育学の分野に登場するのですが、今度は一転して大きくその進歩に貢献した人物として評価がなされます。彼が著した『Zimmergymnastik』

は、フランスやアメリカ、そして日本でもすでに明治期に翻訳されました。室内体操の手引きの書として、また、スウェーデン体操などとともに今日のラジオ体操をつくるうえでの参考にされたともいわれるものです。さらに、本国ドイツにおいても、彼の出身地ライプチヒでは体育大学に彼の名前がつけられるなど、その功績が今日に伝えられているのです。往年の東ドイツにおける体操王国の称号も、その源は彼にまでさかのぼることができるといいます。

さて、以上のような顔をもつドクター・シュレーバーですが、いよいよもう一つの顔として登場するのがシュレーバー・ガルテンの創設者として、そして子どもの遊び場づくりの功労者という顔であります。

ライプチヒの様子（1867年当時）

(2)　シュレーバー・ガルテンと子どもの遊び場

自分の息子にたいへん厳しい「教育」を行ったドクター・シュレーバーは、若い世代全体に対しても特別の「教育的」思いから、ある種の憂いをもっていました。

当時、都市化が進んでいく町では身近な子どものための遊び場が見る間に少なくなっていきました。その結果、路上で遊ぶ子どもが辻馬車にはねられたり、中流以上の子どもは逆にあまり外に出ない不健康な毎日を送っていたといいます。彼はそのことに強い憤りを感じていました。

ドクター・シュレーバー(左)とハウスシルド(右)。中央にはシュレーバー・ガルテン開設の頃からある時計台のついたクラブハウス

そこでシュレーバーは、そんな子どもたちを広い自然の中で鍛え直すことを考えるのです。しかし、当時の町場における広い場所、たとえば公園の緑地などはあまりにも装飾的な傾向が強く、子どもの鍛錬には不向きでした。そこで彼は、幼い子どもに対する遊び場と青少年のための体操場を設置していくことをライプチヒ市議会で盛んに呼びかけたのです。このことはまさに先に見た、シュレーバー第二の顔としての面目躍如といったところでしょう。

ところが、ドクター・シュレーバーはその実現を見ることなく一八六一年、五十三歳の若さで亡くなってしまうのです。あれほど自らの体力と健康には気をつかっていたはずの彼でしたが、どうも家族の誰かに殺されたのではないかという突然の不可解な死でした。

しかし、ドクター・シュレーバーの熱い思いは、彼の後継者らによって受け継がれることになります。(注7)一八六四年、小学校長であったハウスシルド（E. J. Hauschild, 1808-1864）が、父兄・教師ら二五三名を集めて「シュレーバー協会」を設立し、子どもの遊び場建設を目指しました。彼の奮闘はめざましいもので、その活動ぶりからは「シュレーバー協会」よりも「ハウスシルド協会」の方がふさわしいともいわれるほどでした。ところが不幸なことに、このハウスシルドもまた協会設立の直後に亡くなってしまったのです。

ハウスシルドの亡きあと、この事業を受け継いで推進したのがもと教師であった、カール・ゲゼル（Karl Gessel, 1800-1879）という人物でした。彼は、長くドレスデンというところで孤児院の設立や子どもの教育に従事してきた人物で、「遊びの父（プレイ・ファーター）」とも称されていました。退職後にライプチヒに移って来ましたが、そこで彼は「シュレーバー協会」と出会い、ハウスシルドの遺志を継ぐことになったのです。

遊びの父（プレイ・ファーター），ゲゼルと子どもたち。後方には，ブランコやダンスで遊ぶ子どもたちが描かれている

ゲゼルはまたフレーベルの信奉者でもありました。そのことを物語るように彼は、園芸作業を教育活動の一環として遊び場づくりの運動に取り入れることを考えました。つまり、彼はクラインガルテン（Kleingärten）と呼ばれる小さな菜園に子どもの遊び場を融合させるという画期的な試みを成し遂げることになるのです。そして、その遊び場の中にこそいよいよ〈砂場〉の登場をみることになりますが、この事情についてドイツのクラインガルテン史に詳しい広瀬毅彦氏は次のように述べています。

一八六八年、かれはまず子どもたちだけの手で、〝子ども花壇〟をつくるが、悪童たちの襲撃にあって失敗。翌年は同伴の父兄のほうが興味を示し、ファミリー花壇として親子共同方式にした。ところが、父兄のほうが熱中してしまい、子どもの参加の余地がなくなり、これまた失敗。そこで一八七〇年に両者のスペースをそれぞれ分ける方式に落ち着く。すなわち、敷地中央に児童公園のようにブランコや砂場をつくり、サッカーができるほどの芝生の広場にする。この周囲を親たちの菜園が一軒ずつ低い垣根で仕切られて囲む。(注8)

遊びの父ゲゼルの努力によって、子どもたちは親の働く姿を間近に見ながら遊び、親たちも子どもの遊ぶ姿に目をやりながら畑仕事に励むことができました。また、時には親子で一緒に畑仕事を楽しむこともあったでしょう。そして、このような、菜園の中央に遊び場が配置されたクラインガルテンは特に「シュレーバー・ガルテン」と称され、その後のクラインガルテンの標準的形態としてライプチヒからドイツ全体へと広がっていったのです。

なお、ゲゼルが引き継いだ「シュレーバー協会」の活動は、遊び場づくりの他にも地域の貧しい子どもたちが共同

クライン・ガルテンに遊び場ができるまでのゲゼルの努力

① 1868年。子ども花壇としてスタート

② 1869年。悪戯に手を焼き，父兄中心のファミリー花壇に

③ 1870年。遊び場と菜園を分けるやり方に落ちつく

(図はシュレーバー・ガルテン博物館リーフレットから。説明は広瀬毅彦「もう一つのドイツのクラインガルテン，第1回」『農林統計調査』1987年6号より。)

シュレーバー・ガルテン開設の頃。時計台のあるクラブハウスと戯れる子どもたち

クラブハウスは，今日，シュレーバー・ガルテン博物館となっている。遊び場には〈砂場〉もあり，子どもたちが遊んでいた

で住むことができるコロニーを設け、健康増進のための水泳運動を指導したり、朝夕無料での牛乳提供を行うなど、これもまた人間愛に満ちた奉仕活動としてその名を歴史にとどめています。

(3)　ドイツにおけるクラインガルテンの思想

ところで、ドイツにおける小菜園、クラインガルテンの歴史(注9)というのは、中世の城壁庭園と呼ばれる趣味的園芸にまでその起源をさかのぼるといわれています。しかし、今日的なクラインガルテンの歴史はもう少し新しく、十九世紀初頭に貧困家庭を救済するための救貧菜園（Armengarten）をもって始まったものでした。ライプチヒでは、一八三二年に市会議員ゼーブルグ博士の努力によって、貧しい住民に土地を開墾して与えたことが最初で、同時期にベルリンやドレスデンなど他の諸都市にも次々とクラインガルテンがつくられていきました。

そのクラインガルテンに子どもの遊び場が備わったことは、クラインガルテンの新たな発展の可能性を生んだわけですが、土に触り、土を耕すということが人間の基本的な欲求であることをドイツ国民はこのような体験を通して幼少の頃から意識することができたのかもしれません。今日のドイツでは都市公園における緑化計画の一環として、クラインガルテンの区画数が五十

勤労クラインガルテンに付設された遊び場（1891年頃）

万を越え、都市に住む人々が週末など気軽に土や農業の営みに触れることが可能になっています。さらに、ついでにいえば、近年日本においても「市民農園」などと呼ばれて、このクラインガルテン運動が広がりをみせているのです。

いずれにしても、ドクター・シュレーバーが呼びかけた子どものための遊び場づくりは、ハウスシルドやゲゼルらの努力によって大きく花開きました。特にその貢献者であったカール・ゲゼルが、フレーベルの信奉者であったということ、そしてそこに〈砂場〉が設置されたということには何かの因縁を感じます。

ところで、このシュレーバー・ガルテンの始まりは一八七〇年ということです。先に見たシュラーダー・ブライマンの〈砂場〉の記述よりもさらに十数年歴史をさかのぼることになりますが、ここから各都市に子どもの遊び場が広まっていったことを考えるならば、ベルリンの公園の〈砂場〉は限りなく、シュレーバー・ガルテンの流れに近づくようにも思われます。

サポラ（V. A. Sapora）の『遊びとレクリエーションの理論』という本によれば、ベルリンの公園の〈砂場〉はドイツにおける子どものレクリエーション施設として最も初期のものであるといいます。（注10）さらに、『ヨーロッパにおける遊び』という本でウィア（W. H. Weir）は、一般にヨーロッパではアメリカとは違って、子どものためのレクリエーション運動は、大人のためのレクリエーション運動よりも遅く始まったというのがその特徴だと述べています。（注11）もし彼らの説に従うならば、このシュレーバー・ガルテンの遊び場はドイツにおける子どものレクリエーション活動の原点といえるものかもしれません。そしてまた、本当にそうだとすれば、〈砂場〉の起源もかなり限定されてくるように思われますが、一体どうなのでしょうか。

そろそろ、その核心に迫りたいと思うのですが、ドイツにおける児童公園の普及よりも、幼児教育の歴史はもう少し前にさかのぼることが可能です。そこでもう一度、幼児教育の分野に戻っていよいよその詰めを行ってみようと思います。

3. 再びフレーベルと〈砂場〉

(1) フレーベルと〈砂場〉を切り離す「仮説」

フレーベルの幼稚園において（あるいは、彼の著作の中においてといった方が正確かも知れませんが）、〈砂場〉を見つけることができなかったこ

フレーベル幼稚園の模型。庭の畑の様子がイメージできる

フレーベル幼稚園，子どもの畑の様子

とはこれまで述べてきたとおりです。

しかし、フレーベルは「砂」というものを教育的な素材として高く評価していました。その彼が〈砂場〉について何も書かなかったというのは、くどいようですが本当に理解に苦しむところです。

これをどう考えればよいのでしょう。フレーベルの幼稚園には本当に〈砂場〉がなかったのか。それとも実は〈砂場〉は存在したのだが、たまたま彼はそれについて書かなかったというだけのことなのか。

結局わたしはフレーベルと〈砂場〉の関係について、あえて批判を覚悟で次のような考えを表明することにしました。

つまり、「遊びは幼児期の発達の最高段階である」とまで言ったフレーベルをしても、彼には〈砂場〉という遊び場が、わざわざ子どものためにつくって与えるべき大事な遊具であるという理解には至らなかったのではないか、と。

これまで、〈砂場〉は日本においてもアメリカにおいても、恩物を中心とした正統フレーベル主義とは反対の立場から支持された遊び場であったことを見てきました。そしてそのことは、このドイツにおいても全く同じでした。

結局のところ、フレーベルといえども、ひとたび恩物による系統的な「遊び」の体系に重心を置くことによって、彼の視野からは〈砂場〉のような、子どもの自発的な遊びを可能にする遊具は外れてしまった、ということではない

フレーベル幼稚園の建物は今日，フレーベル博物館となっている

のでしょうか。
もっとも、フレーベルの教育観としては次のようなことがありました。彼の幼稚園の理念は、キンダー（子ども）のためのガルテン（庭・菜園）にあったのです。つまり、そこでは幼児が自らの手で土に触り、種をまき、草花や野菜を育て、花を愛で、収穫するという一連の作業がたいへん重要な教育活動として基本に据えられていました。そんなフレーベルにとっては、屋外においての土いじりの作業、つまり畑での作業こそ重要な活動であり、それは砂遊びの要素をも内に含みながら、しかし、それをはるかに越える意味をもつものとしてとらえていたのかもしれません。
子どもたちは、畑を耕し、穴を掘りながら、時には砂山ならぬ土山をつくって遊ぶこともあったでしょう。フレーベルにとってはもはやそのことで十分であり、〈砂場〉のような場所での純粋な遊びの要素よりも、むしろ畑作業という仕事の中に潜む遊びの要素を彼は大切にしたのではないでしょうか。
たしかに、そう考えてみると、彼の著作「幼稚園における子どものための庭」にのっていた庭園平面図の見え方も変わってきます。そこでは子どもたちの畑や花壇が整然と区画され、季節ごとの美しい草花や大切な食料となる野菜が栽培されていたのです。そんなところにもし〈砂場〉のような、純粋な遊びの空間があったとしたら、それはいかにも不釣り合いなものとして映るのではないでしょうか。

そこで、フレーベルは自分の幼稚園から積極的に〈砂場〉を外した、これがここに至ってたどりついた結論です。そしてそのことを肯定的に受けとめるならば、フレーベルは〈砂場〉に代わるそれ以上の活動の場を畑という形で用意をし、そこに遊びの要素を包み込んだ、といえるかもしれません。

もちろんこのような肯定的受けとめが可能なのかどうか、畑が遊びの場としての〈砂場〉に代わり得るものであるのかどうか。その判断は難しいものがありますが、わたしにとっては何やらフレーベルの意志なるものがこの辺にあったのではないかと考えました。

(2) フレーベルと〈砂場〉の真の関係

さて、フレーベルと〈砂場〉に関するわたしの仮説は、それほど的外れではないと思いながらも、いわば状況証拠の積み重ねのような何となく落ちつきの悪さを感じるものでもありました。そんなわたしにとって、ロンドンで一九〇〇年に発行されたウィギンとスミスによる『フレーベルの作業（Froebel's Occupation）』という本こそ、この長年の疑問を解く貴重な文献となりました。

二人の著者は、その最終章において「砂遊び（sand work）」を取り上げ、何とフレーベルと〈砂場〉の関係について次のような記述を行っていたのです。

サンド・テーブル、サンド・ボックス、あるいはサンド・ガーデンというように、それはいろいろな呼び方がなされて

今日でも多くの人たちが博物館を訪ねフレーベルに思いを馳せる。
子どもたちが学芸員から第一恩物の扱い方を習っている

いるが、最初にフレーベルがこの遊具の示唆を受けたのはカイルハウ時代の彼の生徒であり、友人であり偉大な教育者でもあったヘルマン・フォン・アルムスワルトからであったと思われる。彼は、一八四七年五月十三日付けで、アイゼナッハからフレーベルに次のような手紙を書き送った。

親愛なる、父親のような友人へ：昨日、私はあなたのサンデー・ペーパーに没頭しているとき、突然ある一つの考えがひらめきました。それをすぐにあなたにお知らせしようと手紙を書きます。私が思いますに、砂の山というのはきっと子どもたちには有益で面白い遊びをさせてくれるものだと考えます。砂の山、つまり低くて浅い木の箱の中に砂を満たしたものでいいのです。それはきっと幼稚園の縮小版のようなものになるでしょう。子どもたちはその中で積み木やブロックをもって遊ぶでしょう。そして目の前で展開されるいろいろな形の変化や、砂の上に棒を並べたりする遊びはきっと子どもたちを大いに楽しませることでしょう。砂というのはどこでも手に入れることができます。水も少しあればそこで砂山づくりや谷をつくったりすることもできるでしょう。(注12)

そして、ウィギンとスミスはさらに次のように続けています。

人のことばをいかに活用するかを知っているものこそ真の発明家であるというエマーソンのことばこそ真実である。フレーベルはこのヘルマン・フォン・アルムスワルトの示唆をしっかり受けとめ、そしてこれ以降、幼稚園においてわれわれはサンド・テーブルを見ることができるようになったのである。(注13)

ウィギンとスミスに文字通り従うならば、〈砂場〉はフレーベルにとって、少なくとも一八四七年までは馴染みのない遊具であったということになります。彼が世界最初の幼稚園を創立したのは一八四〇年のことですから、実にその誕生から七年間は〈砂場〉が存在していなかったということになるのです。

そうすると、前述のわたしの「仮説」はかなり的を射ていたといえるかもしれません。つまりフレーベルは、どちらかといえば子どもの自由な活動よりも、ある種の系統性が認められる活動に注意を集中させ、〈砂場〉のような遊び場の発想には至らなかったということです。

ただし、このことは、リープシュナー（J. Liebschner）という人の主張（『子どもの仕事（A Child's Work）』）とあわせて考えることがとても大事であると思われます。リープシュナーはフレーベルにおける「遊びと自由に関する考え方の変容」ということについて次のように書いていました。

つまり、フレーベルが子どもの遊びにその大いなる意味を見いだしたのは、彼が五十五歳になった一八三七年以降のことであり、またその後もフレーベルのなかではいろいろと子どもの遊びに関する考えに振幅が見られたという指摘なのです。(注14)

たとえば、特に子どもの自己活動に関する考え方としてリープシュナーは、「フレーベル自身、子どもの遊びに対してどれほどの自由とどれほどの指導を与えてよいのかについては困難を感じていた」(注15)と記しています。その具体的な例として「第三恩物」に関する説明の変化があげられているのですが、彼によると一八三八年に書かれた初版においてフレーベルは「子どもがブロック遊びをするときには子どもの好きなようにさせること」を強調していたといいます。ところが、それが六年後の第二版になると、母親と先生向けに恩物遊びをどう指導すべきかという説明書を追加したというのです。まさに教具としての恩物使用マニュアルの登場です。しかし、また彼が亡くなる一年前の最終バージョンでは、再び第一版に近づいて「子どもの自由」な遊びが強調されていたというのです。

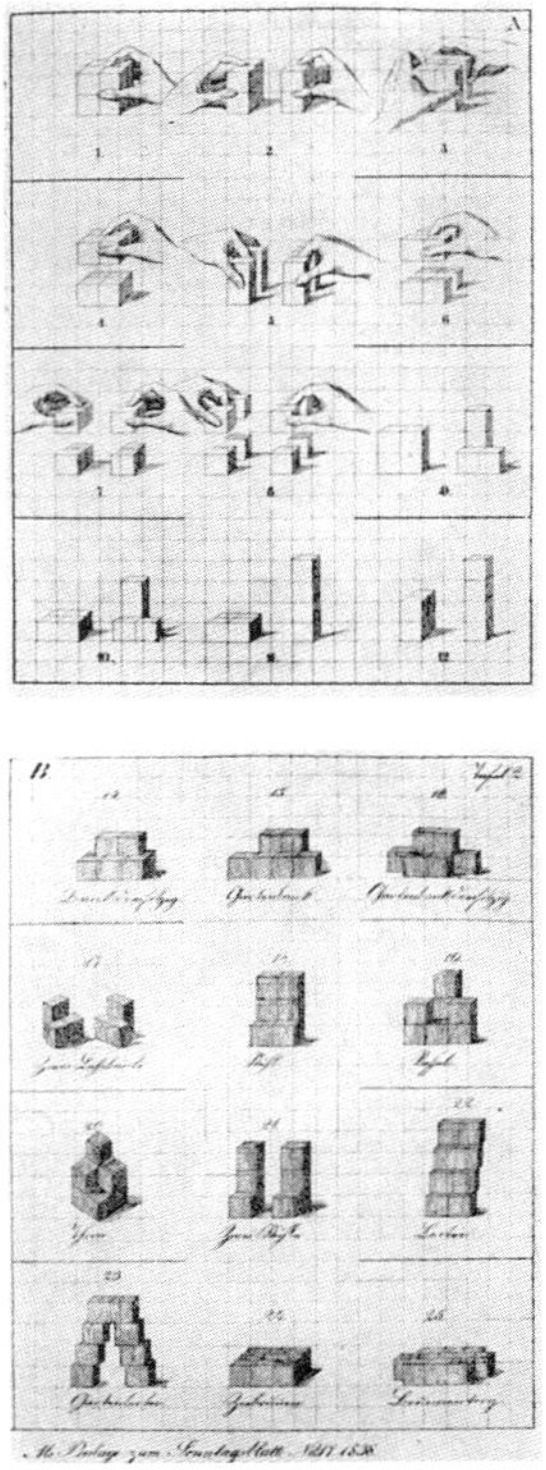

第三恩物の説明図

このことはとても大切な意味をもつものと思われます。つまりフレーベルといえども、その教育主張は最初から最後まで一貫して変わらなかったのではないということ、むしろ、フレーベルも一人の教育者として、また人間として、自問自答をくり返しながら保育実践を行っていたということです。

そうしてみますと、わたしが「フレーベルには〈砂場〉に対する理解がなかった」と言い切ることは、過去も未来も現在も一緒くたにして語るという過ちをおかすことになるでしょう。たしかにフレーベルは〈砂場〉についての認識（関心）はなかった。そして、特に幼稚園創設後の数年間はどちらかといえば恩物による遊びの系統性に彼の関心が傾いていた。しかし、一八四七年、彼が〈砂場〉なる遊具の存在を知ったとき、その新しい考えを取り入れることに彼は全くこだわりはなかったのです。そしてこの時点において、まさにフレーベルの「砂場への理解」は始まったのです。

ここに、フレーベルと〈砂場〉の関係についてわたしの「仮説」が全く間違いではなかったということ、しかしまた、フレーベルの幼稚園にも後年、〈砂場〉はたしかに存在したのだということをしっかりと確認しておきたいと思います。なお、イギリスやアメリカ、さらに日本に伝えられたフレーベルの考えというものは、この晩年におけるフレーベルの到達点ではなく、いわばフレーベルの系統的「教育」への情熱が最も「むき出し」になっていた時期のものであったのだろうとわたしは考えます。

ブランケンブルクにあるフレーベルを記念するモニュメント

ところで、ウィギンとスミスはあのシュラーダー・ブライマンについても興味深い事実に触れていました。なんと、シュラーダー・ブライマンはときの皇帝に対して、ベルリンのすべての公立公園に子どものための遊び場を設置し、さらにそこには小さな子どものための〈砂場〉をつくることを強く進言していたというのです。(注16)

ここに、点と点であった、シュラーダー・ブライマンおよびM・E・ザクルシェフスカとがしっかりとつながることになります。もちろんそのつながりの延長上には、アメリカのプレイグランド運動が存在するわけですから、それは何とも運命的なつながりであったといえるでしょう。

4. ドイツの〈砂場〉、その起源

(1) フェルジンクの幼児学校と砂山

さて、フレーベルと〈砂場〉の関係がわかった後で、いよいよ残るのはドイツにおける〈砂場〉の起源はどこにあったのかということです。先のウィギンとスミスに従うならば、ドイツの〈砂場〉というのは、フレーベルに手紙を書き送ったヘルマン・フォン・アルムスワルトの「ひらめき」というものを限りなくその起源とすることができるかも知れません。

しかし、わたしは〈砂場〉という遊び場は、「ひらめき」という思いつきよりは、実際に子どもの遊びにじっくりと関わることを通して見つけられた遊び場ではなかったかと考えます。もちろん、アルムスワルトの「ひらめき」も彼の教育者としての実践をきっかけとして思い浮かんだものかも知れません。そこで、もし、そうであればなおのこと、彼のひらめき以前にそのような「発見」の機会がなかったかどうかを見ておく必要があると思います。

実はドイツでは、フレーベルの幼稚園ができた一八四〇年までには、文献上だけでもおよそ二百カ所以上の幼児学校があったといわれています。(注17) もちろんそれらすべてに〈砂場〉を探すことは不可能なことですが、そのいくつかを見ておく必要はあるでしょう。

そこでまず最初に、フェルジンク（J. Fölsing, 1818-1882）という人物が開いた幼児学校について見てみます。フェルジンクは貧しい家庭の子どもたちと、裕福な子どもたちとを別にした複線型の幼児教育を行った点においてフレーベルと一線を画した人物です。しかし、それ以外の点においては、フレーベルとたいへん似かよった主張と実践を行い、フレーベルもわざわざ彼に対して、幼児学校を幼稚園と改称するように頼むほど信頼を寄せていたといわれます。

フェルジンクはフレーベルよりもフレーベルらしいというと奇妙ですが、そんな評価ができそうな実践家でした。彼は子どもの遊びは「多面的に展開していく自由な遊びでなければならない」といい、遊びが強制されたり、不自然な理屈やこじつけ、人工的な教育学の押しつけになってはいけないと主張します。(注18)それはまさにフレーベルの恩物教育に対する批判でした。

そんなフェルジンクは、フレーベルの代表的な著作である『人間の教育』と同名の著書も著しています。それはいかにもフレーベルへの対抗心の現れのようでもありますが、実はこのフェルジンクの『人間の教育』に、興味ある子どもの遊びの様子が記されているのです。

……ここでは一人でやる遊びと二人以上でやる遊びの違いに簡単に触れておきたい。つまり砂山(sand berg)ではどの子どもも一人で遊ぶことができる。このことは他の一人遊び、例えば花の咲く木の下で花びらを集めて数えたり、「馬乗り」や「人形遊び」の場合と同じである。(中略)

子どもが幼ければ幼いほど、自由に遊ばせなければならない。その機会を与えてやるだけでよい。二歳の娘のヴィルヘルミーネは、もみの木の皮で、小さな小屋をつくるとか、砂をかき寄せたりするし、小さな車に砂を積んであちこち走らせたりする。(注19)

短い記述ですが、フレーベルを批判したフェルジンクの幼児学校には右のように「砂山」があったというのです。

その「砂山」というのは、自然のものなのか、それとも〈砂場〉と呼んで差し支えのないものだったのか、これだけの記述では定かではありませんが、どうも〈砂場〉のようにも思えます。なぜなら、この「砂山」はフェルジンクの監督下にあり、そこでの一人遊びが注目されているということ。また、砂を運ぶための小さな車が用意されていたということから、この空間は砂遊び場としての目的をかなりはっきりともっていたと考えられるからです。あわせて、フェルジンクはそんな「砂山」での遊びを、自由な子どもの遊びの一つとして特筆していることも注目しておきたいところです。これこそ、日本、アメリカ、そしてシュラーダー・ブライマンのいずれの幼稚園においても、共通にみることができた〈砂場〉での遊びの特徴でした。

(2) 〈砂場〉の起源、その原型

フェルジンクのほかにもう一人、ドイツにおける〈砂場〉の起源に関係のありそうな人物として、新教派の牧師であり貧しい子どもたちの幼児学校設立に貢献したフリートナー（Theodor Fliedner, 1800-1864）を見ておきたいと思います。

フリートナーは、若いころイングランドやスコットランドで多くの幼児学校を見る機会に恵まれました。特に英国で活躍していたウィルダースピン（Samuel Wilderspin, 1792-1866）の幼児学校に心を動かされ、帰国後の一八三六年に教区カイザースベルトに最初の幼児学校を設立します。そのあとも精力的に活動し、六年後の一八四二年までに四十校近い幼児学校の設立に関わっています。

フリートナーの教育の特徴は、一つには初等学校とあまり変わりのないような知識教育や宗教・道徳教育が重視されたことであり、もう一つは屋外での遊びを積極的に奨励したことです。この二つの特徴は一見矛盾するようにも思

われますが、フリートナーにとって遊びは、あくまで、勤勉な子どもに対する一種の報償としての位置づけになっていたといわれます。この点がフレーベルやフェルジンクとは大きな違いです。

しかし、そうはいってもフリートナーの屋外遊び場というのは、かなり注目に値するものでありました。やはりウィルダースピンからの影響でしたが、屋外には運動遊具やボール遊びのための場所、その他きわめて素朴な遊具が広い遊び場いっぱいに配置されていたのです。そして何よりも、実はここにこそわたしは〈砂場〉の最も初期の姿、いうならばその原始的な姿があったのではないかと考えるものです。

「原始的」というのは、これが〈砂場〉といえるものかどうか、その判断は微妙なものであり、いわば「自然空間」から「文化空間」への移行期に属するような場所と考えられるからです。一体、その原始的な〈砂場〉とはどのようなものであったのか。彼の屋外遊び場について次のような記述を見ることができます。

> 子どもの遊びには先生のくばる注意が何よりも欠かせず、広い遊び場ではもちろんのことである。この遊び場には、汚れのない、粒のあまり細か過ぎない砂を敷き、一部には上に雨や雪、日差しをよける覆いを付ける。先生はあまり遊びに割り込んだりせず、むしろ子どもが自由に走ったり跳んだりして遊ぶようにさせる。遊具は単純な作りのものを、しかし、数だけは十分にそろえてやる。(注20)

フリートナーの遊び場では、その表面全体を覆うように細かな砂が敷かれていたのです。しかもその一部は、雨や雪、日差しを避ける覆いまでがしてあったというのです。

この光景をどのように受けとめればよいでしょう。

遊び場いっぱいに敷き詰められた砂。これを厳密には〈砂場〉と呼ぶことはできないかも知れません。しかし、敷き詰められた砂だからといって、それで子どもが遊ばない、遊んではいけないというものでもないでしょう。元来、子どもは砂が大好きな存在ですから、すぐに子どもたちはその砂をかき集めたり、崩したり、何かの容器に入れて運んだりということを始めたのではないでしょうか。

そして、もし本当にそうなったのだとしたら、もはやこの空間は限りなく〈砂場〉に近いものといえるでしょう。見ようによっては、たいへん広い〈砂場〉の中にいろいろな遊具が配置されているようにも映るのではないでしょうか。

これこそ、〈砂場〉の原始的な姿とわたしが考えるものです。そして、もちろん、その砂が初めから「砂遊びのために」という意図のもとに用意されたものであれば、それはもはやれっきとした〈砂場〉として見ることが可能でありましょう。

残念ながらフリートナーにそのような意図があったのかどうか、今やそれを確認することはできません。しかし、もしその意図が薄かったとしても、教育・遊びの場にわざわざ砂を持ち込んだ彼の「功績」は間違いなく大きかったものと考えます。

(3) 遊び場の絵が物語るもの

ここにたいへん興味深い絵が二枚あります。どちらも幼児学校における外遊び場の様子を描いたものですが、最初の一枚はイギリスのウィルダースピンの幼児学校のもので、もう一枚はフリートナーのものです。いずれの絵からも、今にでも子どもたちの楽しそうな声が聞こえてきそうです。特にロープにぶら下がって回転する遊具に目がいき

ウィルダースピンの遊び場

ウィルダースピンから影響を受けたフリートナーの遊び場

ますが、これはもともとスコットランド地方の祭りに使用された儀式用遊具で、それをウィルダースピンが子どものために改良したものです。

さて、フリートナーに強い影響を与えたウィルダースピンは、この絵からもわかるように、屋外の遊び場についてたいへんな力の入れようでした。ただ、彼は、遊び場をつくる際には、その表面は薄くスレートされた石（フラッグストーン）を敷き詰めることを奨励していました。(注21)

ところが、フリートナーはこの点に関しては、師と仰ぐウィルダースピンの教えを全く「無視」したわけであり、前述のようにそこには砂を敷き詰めてしまったのです。たしかにフリートナーの絵からはその様子がうかがえます。

そして、どうでしょうか。フリートナーの絵の左下に注目してください。子どもが二人砂山らしきものの前にしゃがみ込み、大きな入れ物に砂を入れているようには見えないでしょうか。子どもの前には、二本のレーキ（土ならしのための道具）のようなものが描かれていますので、これから園庭に砂をまく準備のようにも思えますし、あるいはまさに、いま、子どもたちが砂遊びをしているようにも見えるのですが……。

この場面をどのように判断するか、これから先は読者の皆さんにおまかせしたいと思います。

ここでふと、明治三十三年、京阪神連合保育会における会合のことが思い出されます。幼稚園の園庭に砂を置いたらどうなるだろうという神戸の頌栄幼稚園の和久山会長に、葺合幼稚園の竹中先生がすかさず「砂を敷くことは誠に宜しきことと思います。幼児はいつも遊びの時間になると走っていって山などをこしらえて楽しそうに遊んでいます」と答えていたことです。

砂を、砂遊びという限定された目的において持ち込む以前に、園庭を覆う砂の使用があったということ、そしてそれが程なく、幼児の遊びにとってたいへん適したものであり、独立した遊具として見なすという認識にたどり着いたこと。このような日本で見てきた〈砂場〉発見のプロセスは、まさしくドイツでの経験とも通じるような、普遍的な遊び環境の発生過程であったのかもしれません。

さらにわたしはここで思い出すことがあります。前出のサポラ（V. A. Sapora）が、十九世紀末のベルリンの公園について、次のように記していたことです。

そこは単に開かれた空間で、全体が砂で覆われているだけだった。あたかもとても大きな〈砂場〉（Sandbox）のようなもので、その上に二歳から八歳の子どものためのいろいろな遊び道具が配置されていた。(注22)

この〈砂場〉の描写は、限りなくフリートナーの遊び場のイメージに近づくように思えてなりません。

(4) ドイツに〈砂場〉が誕生した理由

さて、どうしてドイツには〈砂場〉が、しかもたいへん広い〈砂場〉が誕生したのでしょう。ドイツには、何かそんなものがつくられる理由というのがあったのでしょうか。

シュレーバー・ガルテンについて広瀬氏と電話で話をしたときのことです。彼が、なにげなく話したことばがこの疑問に大きく関係しているように思いました。広瀬氏は言いました。

「そもそも、クラインガルテンとして市民に貸し出される土地というのは、あまりよい土地ではないのです。よい土地はみな、本格的な農業に使われています。この『よい土地じゃない』という意味は、つまり、砂地であるということです。クラインガルテンのところでは、ちょっと掘るとすぐに砂が出てきます」

そこで広瀬氏の文章からこのことをもう一度確認してみると、たしかに次のような一節があります。


一八三二年六月二十四日。ライプチヒ（現東ドイツ領）のオストフォアシュタット地区に造られたヨハニスタールクラインガルテンは同市第一号のもので、ドイツでも最古参のものである。これはライプチヒの市会議員ゼーブルグ博士が失業対策事業を兼ね、砂地のゆるやかな傾斜地を市民の手で開墾させようと市会にはかって実現へとこぎつけたものであった。(注23)（傍線筆者）

このようにドイツには比較的、砂の多い場所が方々にあったというのです。そしてこの自然的要因こそが、ドイツにクラインガルテンやシュレーバー・ガルテンを身近に誕生させた理由だと広瀬氏は言います。

もしそうだとすれば、それは同時に、子どもにとっての砂遊びも身近にさせる要因であったと言えるのではないでしょうか。そしてまた、この豊富な砂地の存在こそがフリートナー的な遊び場やブライマンの〈砂場〉、そしてベルリンの公園のような広い〈砂場〉の誕生を可能にさせた何よりの理由であったのかもしれません。

市川市の自然幼稚園の園庭。どこを掘っても砂が出てくるために，あちこちで砂遊びがくり広げられる

園庭のいたるところで，ござを敷いては砂を使ったままごと遊び

付記

後日、わたしは日本においてもこのような特徴をもつ幼稚園の存在を知りました。それは千葉県市川市にある、その名も「自然幼稚園」という幼稚園です。この幼稚園が建っている場所というのはかつて海であったことから、園庭はまさに全面が砂で覆われているのです。ですから、どこを掘っても砂が出てくることから、子どもたちはいたるところで思い思いに砂遊びを楽しんでいました。

園庭の隅にはたしかに本物の〈砂場〉も設置されているのですが、皮肉なことにここにはあまり砂は入っておらず、またその必要もありませんでした。何しろ、園庭中が〈砂場〉なのですから。

この幼稚園のすぐ近くを走る京成線の車窓からは、昔はもっとあったという松並木を見ることができます。当時の砂松原の様子が目に浮かぶようです。地質的には、沖積層の市川砂層と呼ばれる地層が表出しているところであり、このような自然条件であればこそ見ることのできる〈砂場〉の「原始的」姿でありました。

なお、この幼稚園を訪問してもう一つとても驚いたことがありました。それは、現在の園長石田カチヱ氏からみた母方の叔母というのが、あの末田ますであるというのです。日比谷公園の最初の児童指導員を務めた末田ますとの意外な「再会」でした。

［注］

1 フレーベル『人の教育』(『フレーベル全集』第二巻、玉川大学出版部、一九七六年所収。一一五ページ)
2 小川正通『世界の幼児教育』明治図書、一九六六年、二一三ページ
3 Chadwick, G.F. *The Park and the Town*, The Architectual Press, 1966, p.19
4 モートン・シャッツマン、岸田秀訳『魂の殺害者』草子社、一九七五年、二六～二七ページ
5 同右、第七章
6 同右、二一ページ
7 シュレーバーおよびシュレーバーの後継者らについては、*Dr. med. Schreber und die Leipziger Schreber-Vereine mit besonderer Berücksichtigung des Schreber-Vereins der Nordvorstadt.* Leipzig 1903 を参考。
8 広瀬毅彦「クラインガルテンへの誘い」(東廉『市民農園』光の家協会、一九八七年所収。一三七ページ)
9 クラインガルテンの歴史については、広瀬毅彦「もう一つのドイツのクラインガルテン」『農林統計調査』通巻四三五号、一九八七年。祖田修『市民農園のすすめ』岩波ブックレット、№二七四、一九九二年、に詳しい。
10 Sapora, V. A. *The Theory of Play and Recreation*, The Ronald Press, 1961, p.34
11 Weir, L. H. *Europe at Play*, A. S. Barnes & Co., 1937, p.83

12 Wiggi, K. D. and Smith, N. A. *Froebel's Occupations*, Gay and Bird, 1900, pp.293-294
13 同右、二九四ページ
14 Liebschner, J. *A Child's Work: Freedom and Play in Froebel's Educational Theory and Practice*, The Lutterworth Press, 1992, chapter 3
15 同右、五五ページ
16 ウィギン（Wiggin）前掲書、二九一〜二九二ページ
17 岩崎次男「先駆的な幼児教育施設」『世界教育史体系』第二二巻、講談社、一九七四年、一七四ページ
18 岩崎次男「フレーベル以前の幼児教育の状況」岡田正章監修『世界の幼児教育』５・ドイツ、日本らいぶらり、一九八三年、四〇ページ
19 Fölsing, J. *Die Menschenerziehung order die naturgema e Erziehung und Entwicklung der Kindheit in den ersten Lebens-fahren*, Leipzig 1850, なお、本文は、Krecker, V. M. *Aus der Geschichte der Kleinkinderziehung*, 1959, p. 174 より訳出。
20 Fliedner, T. *Lieder-Buch fur Kleinkinder-Schulen und die unter Klassen der Elementar-Schlen, dritte vermehrte und verbesserte Auflage*, Kaiserswerth, 1853, p. 242
21 Wilderspin, S. *A System for the Education of the Young*, James S. H. 1840, p.(i)
22 サポラ（Sapora）前掲書、三四ページ
23 前掲、広瀬穀彦「クラインガルテンへの誘い」一三五ページ

第4章

子どもの発達と〈砂場〉の役割

1．砂遊びにみる子どもの発達の可能性

(1)〈砂場〉から子どもたちが学んだこと

これまで一世紀半を越える時間のなかに、そして日本、アメリカ、ドイツという世界的な広がりのなかに〈砂場〉についての歴史をたずねてきました。このことを通してわたしは、どれだけ多くの大人たちが子どもの遊びを大事なものととらえ、またその遊び環境を整えるためにどれほどの労力を注いできたのか、ということをあらためて知ることができたように思います。

たかが〈砂場〉と思われるかも知れないこのささやかな遊び場も、それは時間や空間を越えて、子どもの遊びに対する暖かいまなざしの結晶として存在していたのです。そしてそこでは子どもたちも、そんな社会や大人たちの期待に応えるかのように、一歩一歩少しずつながら人間として成長していく姿を見せていました。

すでにご存じの方も多いでしょうが、ロバート・フルガムという哲学者は「人生に必要な知恵はすべて幼稚園の砂場で学んだ」という何とも魅力的なタイトルで、次のように書いています。

イギリスの幼稚園の〈砂場〉（1910年頃）

人間、どう生きるか、どのようにふるまい、どんな気持で日々を送ればいいか、本当に知っていなくてはならないことを、私は全部残らず幼稚園で教わった。人生の知恵は大学院という山のてっぺんにあるのではなく、日曜学校の砂場に埋まっていたのである。わたしはそこで何を学んだろうか。


何でもみんなで分け合うこと。

ずるをしないこと。

人をぶたないこと。

使ったものはかならずもとのところに戻すこと。

ちらかしたら自分で後片づけをすること。

人のものに手を出さないこと。

誰かを傷つけたら、ごめんなさい、ということ。

食事の前には手を洗うこと。

トイレに行ったらちゃんと水を流すこと。

焼きたてのクッキーと冷たいミルクは体にいい。

釣り合いの取れた生活をすること――毎日、少し勉強し、少し考え、少し絵を描き、歌い、踊り、遊び、そして少し働くこと。

毎日かならず昼寝をすること。

おもてにでるときは車に気をつけ、手をつないで、はなればなれにならないようにすること。

不思議だな、と思う気持を大切にすること。(注1)（後略）

子どもは子どもなりに、遊びの中で本当にいろいろなことを学んでいます。そしてその遊びの内容と質こそが子どもの成長をどのようにも変えていく大きな力となっていくものです。もはや、フルガムのことばに何を付け加えようと蛇足のそしりを免れないかも知れませんが、ここでわたしなりに砂遊びにおける子どもの発達の可能性というものを考えてみたいと思います。

(2) 砂遊びと子どもの発達の可能性

○砂が拓く子どもの体と感性

砂に手が触れること。これをもって子どもは砂と出会います。握っては手を開いて砂をこぼし、握ってはまた開く。砂の感触は、手のひらや指への直接的な刺激を与えますが、この刺激は子どもの触覚的感性を大いに高めるものです。手は第二の脳といわれるぐらい多くの感覚神経がはりめぐらされており、砂粒の大きさや湿り具合、冷たさや温かさ、重さ、ざらつき具合など様々な刺激を敏感に感じ取ることができます。そして、いろいろな刺激（情報）を受け取った大脳は活発に活動して、子どものより意欲的な活動を導くことになります。

砂の刺激が手足に心地よい

もっとも、このような刺激も、砂遊びに慣れていない子どもにとっては最初は不快な感触となることも多いようです。最近、幼稚園に新しく入園した子どもで、手のひらをなかなか地面につけようとしない子どももおり、そのほとんどはそれまで砂や泥遊びの経験をもっていない子どもたちだといいます。このことは、手指だけでなく裸足になって感じる足の裏も同じです。でも、最初は嫌がっていた子どもで

「さ，おててに砂をのせてごらん」

もまもなくそれを心地よい刺激として受け入れていくようです。体の感性をひらく、それが砂のもつまず第一の効用かも知れません。

次に、ものをつまんだり、握ったり、手を開いたりといった動作は、大人には何でもないようなことですが、乳児期から幼児期にかけての子どもにとってはなかなかたいへんな仕事といえます。また、ある程度、指や手が自分の思い通りに動かすことができるようになると、今度は道具を使いこなす力が要求されてきます。よく、食事の時間に利き手に持ったスプーンがまっすぐ口に入らずに、口の回りを汚している乳幼児がいますが、このような手や指、腕の使い方、道具をコントロールする力をつけていくうえでも、砂遊びは絶好の機会となるでしょう。

たとえば、〈砂場〉にはシャベルがつきものですが、まだ使い方に慣れていない子どもというのは、シャベルを直線的な手の延長として砂を掘り上げたりします。手首の返しがまだうまくいかないのです。これではせっかくすくい上げた砂も、腕の振り上げと同時にシャベルの先から飛び出してしまいます。そこで何度も砂掘りを経験しながら、手首を返すタイミングや力の入れ具合、抜き具合を身につけていくことになります。

また、右手で持って押さえたシャベルに左手で砂をかき入れたり、倒れないように容器を押さえながら、そこにシャベルの砂を入れるといった動きなどは、目と両手との協応動作という大事な作業といえるものです。

ヨチヨチ歩きの頃の子どもを〈砂場〉に連れていくのも面白いものがあります。最初は砂に足を取られてすぐに転んでしまいます。でもそのうち一歩一歩しっかりと踏みしめて進むという、歩き方の基本のようなものを子どもなりに学んでいるようです。また、砂山づくりや穴掘りなど大がかりな「土木作業」は、子どもが普段あまり使わないような大きな力や筋肉の働きを促すことにもなるでしょう。

このように、子どもは砂遊びを通して感覚的な神経系への刺激をベースに、手や指、腕などの緻密な操作が要求される遊びから、体全体のバランスや大きな筋力を必要とする遊びまでを経験することができるでしょう。いずれもその後の運動能力の基本的な力となるものです。

○想像力・創造性を広げる砂遊び

〈砂場〉の線路の上を列車が走る

砂でつくられたケーキやプリン。ミニカーを手にした子どもにとっては、〈砂場〉が山あり谷ありのハイウェイ。また、水を運んでくると、ダムの建設や河川の改修工事が始まります。子どもたちはいつ止めるともなく延々とこうした作業を続け、しばし作業の成り行きを立ち止まっては満足そうにながめ、また新しく工事を開始します。

これらのことはすべて〈砂場〉で展開される子どもの活動ですが、それは同時に子どもの頭の中で広がっている空想の世界にほかなりません。あるいは、頭の中で創り出されたイメージが、〈砂場〉の上に具体的な形となって表れているともいえるでしょう。子どもたちは〈砂場〉の中で、想像と現実の世界をいともたやすく行き来しているようです。

砂のケーキに飾りつけ

幼児期の子どもにとって、目の前にないものや過去に経験したことがらを頭の中に思い浮かべ、それを別のもので表現する力というのは、この時期に獲得すべき大切な能力です。「表象機能」ともいわれるこのような力は、同時に、事物の特徴をより確かなものとして認識したり記憶したりする力にもつながっていくものです。

たとえば砂のケーキですが、ただ単に丸い形だけでは次第に子どもたちは物足りなく感じます。前に食べたことのある本物のケーキは美味しそうな白い生クリームがのっていたはず。そのことを思い出して、砂の固まりの上にも白砂糖ならぬ白砂をかけて装飾を凝らしたりします。さらに、もっと美味しそうに見せるにはどうしたらよいかを考えて、葉っぱを摘んで飾ったり、小枝や木の実をきれいにならべたりする。こうしてなかなか凝ったケーキがつくられていきます。

このことは、また同時に、きわめて創造的な活動であるといえるでしょう。そして、頭の中で描かれたイメージがすぐに具体的な形として表現できる点で、砂はやはり優れた素材といえるものです。柔らかで、扱いやすく、いろいろな形になってくれて、失敗してもまたすぐにつくり直しができるという、子どもにとってこの上なく優しい物質。砂は子どもの想像力と創造性をしっかりと受けとめ、そして発展させてくれる貴重な素材なのです。

○砂遊びと子どもの科学性

「科学」などというと、小さな子どもには関係ないと思われるかも知れませんが、そうでしょうか。たとえば小さい子どもはよく同じことをくり返します。そばで見ていて、「よく飽きもせず」ということがありますが、これも子どもにとってはなかなか大切な意味があるようです。

子どもが同じことをくり返す行為というのは、自分の行為（働きかけ）とその行為によって起こってくる結果とを、一回ごとに照らし合わせ、少しずつより確かな関係を自覚していく過程としてとらえることができます。つまり、大人にとっては「同じ」に見えることでも、子どもにとっては一回一回の意味が微妙に違う「同じようなこと」のくり返しであり、それは仮説（こうなるだろうという予想）を立て、実験（実際にやって確かめる）という科学の初歩的な手法にほかなりません。ここに科学の世界につながる扉があるように思います。

泥と砂の調合がとても大事

子どもたちは、湿った砂、乾いた砂の特徴を、このくり返しを通じて体験的にとらえていきます。そして、その特徴をいろいろな遊びに応用していきます。

甘いプリンをお皿の上にひっくり返してもらうことを喜ぶ子どもたちは、砂プリンづくりといえども大好きです。まずは容器いっぱいに湿った砂を入れ、上から少し圧力をかけてやります。そして、えい、とばかりに思い切りよくひっくり返して、そっと容器を持ち上げる。でも、その前に軽く容器をたたいておくと砂と容器の離れ具合がよいことも子どもはよく知っているのです。

固い団子づくりでは、砂の湿り具合とともに土との調合の度合いが重要になります。子どもは砂と土の性質を見事に使い分けているのです。団子

「ええと，どれを使おうかな」かごの中には，子どもたちの「実験道具」がいっぱいそろっている

ペットボトルに砂を入れて「こんなに入ったよ」

は単純な形ながら、完成度の高いものをつくろうとするとけっこう時間と手間がかかるものですが、それは子どもたちなりの科学の知識がいろいろと詰まった産物であるといえるでしょう。

いままでもっていた予想がくつがえされたときも、子どもはそのことを自分なりに納得しようとします。たとえば、砂は下に落ちていくのが当たり前です。ところが、ペットボトルの中に入れた砂はひっくり返してもなかなか落ちてきません。その時は両手で上下に振ったりたたいたり、振り回したりすることで砂が出てくることを発見します。また、ペットボトルに乾いた砂、湿った砂を入れてみたり、その量を変えてみたりする姿はもはや小さな科学者そのものであるといえるでしょう。

砂遊びでは、初歩的な数学的思考も試されることになります。たとえば、比較や対応、量や大きさ、高さ、深さ、重さなどといった概念が、具体的な実感をもって鍛えられていくのです。山の高さや大きさ、穴の深さを比べたり、いろいろな容器ごとに入る砂の量をはかったり、砂プリンの数とお客さんの数をそろえたりということを子どもたちは体験的に身につけていくことになります。

幼少年期の子どもの思考において、具体物の操作を伴いながらそこに潜む法則や論理性を見つけていくことはたいへん重要な課題です。たとえば幼児が広口の容器と細長い容器に入っている同量の水を比べて、細長い方の水位が高いことから水の量も多いと考えるということはよく知られたことですが、このような思考の誤りも具体的な経験をくり返していくなかで、子どもたちはしっかりと修正していくことが可能になります。

こうしてみると〈砂場〉という実験室には小さな科学者がたくさんいるようです。そして、プリンやゼリーのカップ、ボールやおなべ、おたまやふるいというのはさしずめ彼らの輝かしい実験道具といえるでしょう。

○砂遊びと子どものことば

さらさら、ざらざら、パラパラ、バラバラ。似たような音をくり返す、擬音・擬態のことば。子どもたちは経験的な感覚を通して、これらのことばを知っていきます。また、乾いた砂、湿った砂、砂を上からふりかけるときに使うことば、衣服に付いた砂を払い落とすときに使うことばと、状態や状況に応じてことばを使い分けていくようになります。

楽しいと，思わずひとりごと。はなうたも飛びだして，とてもいい調子

「もう少し深くして」「もっとたくさん入れて」「もうちょっと……」などというような比較を表すことばも砂遊びではよく登場します。あるいは、「まず～して、それから～するの。そうしたら～になるから、それで～するの」と、一連の作業過程を順序よく説明する子どももいます。「最初にね、この砂と、こっちの砂を混ぜてね、それに水を入れて、そうしてから、お団子をつくるの。お団子できたら、このお皿の上にのせて持ってきてね……」といったように。

頭の中の想像の世界も、それを発展させるのはことばの役割です。子どもはことばを使って思考し、友達や大人ともことばを用いて、想像の世界と遊びの楽しみを共有することができます。子どもは体験を通して知識や技術を獲得し、それをことばとして頭の中に蓄えていきます。また、その蓄えたことばを使って状況を説明したり、予想を立てたり、別な場面で前に覚えた知識や技術を思い出して応用したりすることができるようになるのです。

このような「ことば」の世界は、それを支える具体的な感覚がどれだけ豊かなイメージとして伴っているかどうかということで、その内容と質は大きく違ったものとなっていきます。

大人でもそうだと思いますが、感動的な体験というのは、子どもにしても自分から表現せずにはいられない思いを強くさせます。その時に大人が、子どもの一つ一つの体験の意味や思いをていねいに聞いてあげることで、また子どものお話は大きく広がっていきます。

先生と楽しくお話ししながら

「どんな〜になるの」「〜したら、〜はどうなるかなぁ」「〜してみたら、どうだった」などということばをかけながら、ときには適切なことばを補い教えていくことにより、子どもたちはことばの世界をより広く、そしてより確かなものとして自分の中に取り込んでいくことができるでしょう。砂遊びの中にはそんな場面がいたるところに存在しています。

砂の上にぺったんこ座り。優しく受けとめてくれるお父さん，お母さんと同じぐらい心地よい

○情緒・社会性を育む砂遊び

幼稚園や保育園では、新入園児が〈砂場〉での遊びをきっかけとして園生活に慣れていくということがよくいわれます。そのために、わざわざ一学期間だけの特別な〈砂場〉を設ける園もあるほどです。小さな子どもにとって、〈砂場〉は何かほっとできる場所のようです。まだ、足元がおぼつかない子どもが〈砂場〉にぺたんと座り込んだまま遊び始める様子などを見ていると、その座り心地や場の雰囲気というものが決して小さな子どもに不快感を与えるものではないということがわかるような気がします。

砂は子どもの側からの働きかけをいつもそのまま受けとめ、また、子どもの思いのままに形を変えてくれます。そこに、子どもにとっては自分がいつでも受け入れられているという信頼にも似た安心感を得ることができるのかもしれません。精神療法の一つで、被治療者の自己治癒力を高めるための「箱庭療法」において砂が用いられていることも、このことと無縁ではないように思われます。

砂遊びをしている子どもは一般に高い集中力と根気を発揮します。ところがときに、遊んでいる最中に束の間、ぼーっとしているときもあります。それは、ある行動から次の行動に移る一瞬であったり、比較的長い時間であったりとまちまちですが、作業の手を止めて何かを考えているらしいのです。幼い子どもといえども、こんな時間、こんな一瞬は大事であるように思われます。子どもの精神的な張りと緩みを受けとめてくれる〈砂場〉。これもやはり、砂という素材がもつ特性によるものなのかもしれません。

3歳児が3人集まって，「ぼくたちだって，ちゃんと協力しているよ。」

遊びながらも，ふと一瞬の考えごと

砂という素材は子どもに情緒的な安心感を与えてくれるとともに、集団との関わりを通して子どもが社会性を学ぶという機会も提供してくれます。

〈砂場〉での小さな子ども同士の関わりは、最初は一緒に仲良く遊ぶということよりも、どちらかといえば「もの（道具）」の取り合いといった問題の方が多いかも知れません。公園の〈砂場〉などで子どもの遊びを見ている母親たちが子どもに声をかけるのは、ほとんどがこのトラブルのときです。

「○○ちゃん、それは、となりのお兄ちゃんのよ」

「□□ちゃん、あなたも少しは△△を貸してあげなさい」

子どもは気づき始めます。自分のものはもちろんのこと、欲しいものはすべて自分のもの、というのはどうも違うようだ、と。また、自分のものなのに、他の子が勝手に持っていってしまう理不尽さも味わいます。そして、トラブルをくり返しながら、トラブル回避の仕方もだんだんとわかってくるようになります。こうして、幼い心の中にも、世の中にあるルールのようなものに気がつき、それを学んでいくのです。

もちろん、〈砂場〉での子ども同士の関係は、トラブルばかりではありません。最初は一緒にいるという安心感。そして次第に力を合わせていくことの大切さ、協力しあえば自分だけではできないことも、みんなとならできてしまうという達成感。喜びを共有しあうことのすばらしさを、子どもたちは砂遊びを通して心から感じとることができるのです。

〈砂場〉で見られる子どもたちの姿にその発達と成長の芽を探ってみました。もちろん実際の子どもの活動や頭の中はそれほどきれいに分けられるものではないでしょう。むしろそれぞれの要素は複雑にからみあいながら、全体として連続する一つの遊びとなって表れるものです。

ただそうはいいながらも、漠然と見ていては見落としてしまう子どもの様子も、何らかの視点をもって見ていくことでその見え方はずいぶんと違ってくるものです。もし、子どもはいまどんなことを考えながら、どんな能力を発揮しているのかな、などと想像しながら子どもの砂遊びを見直していただけたなら、きっとまた違った子どもの姿を〈砂場〉の中に見つけることができることと思います。

2. 遊び空間としての〈砂場〉の魅力

(1) 子どもの「居場所」としての要素

どうして〈砂場〉には大勢の子どもたちが集まってくるのでしょうか。もちろんそれは砂遊びそのものが楽しいからというのが最大の理由でしょう。でもわたしはそれに加えて、〈砂場〉という遊び場自体のもつ魅力も何かそこにはあるような気がしています。

同じ園庭の遊具であるすべり台やブランコなどは、その物理的な「もの」としての機能によって子どもの遊びにはある程度の制約が付されます。つまり、すべり台は「登って滑る」、ブランコでは「こぐ」という行為がそこでの主

〈砂場〉では子どもの発想で遊びが広がる

要な活動となり、それ以外の遊びを発展させることはちょっとむずかしい遊具です。

これに対して〈砂場〉は、単に多量の砂が盛ってあるだけというたいへんシンプルな構造ですが、多様な遊びの広がりを可能にする遊び場です。

いってみれば、すべり台やブランコのように設備としての「ハード」の完成度が高い遊具は、子どもが考えながら遊ぶという「ソフト」を生かす余地はあまり残っておらず、逆に〈砂場〉は「ハード」が単純なだけに「ソフト」のあり方次第でいろんなことができてしまうといった違いがあるようです。

もちろん、子どもにとってはどちらも大切な遊びの要素ですが、〈砂場〉に子どもが集まるということは、それだけ子ども自身が自らのソフト開発、ソフト運用を楽しんでいるということではないでしょうか。そして、そのことが子どもにある種の居心地のよさを感じさせているのかもしれません。

わたしはこのように子どもが心地よさを感じる場所というのは、すべてが整然と整えられたところではなく、むしろ未完成ともいうような場所、そして子ども自身がその環境をどう利用するかを決めることができるような場所ではないかと考えます。かつて、遊具がきちんと並んでいた児童公園よりも、ただの草っぱらのようなところに人気があったというのもうなずけるような気がします。

本来子どもというのは、かちっと決められた関係のなかだけで生きるのではなく、むしろあいまいともいえる関係性（あいまいな時間や空間、縦横多様な子ども集団）のなかで自らが自分の意志で、選択的に生きていくことを欲する存在ではなかったのでしょうか。

そう考えてみると、実はこの〈砂場〉という遊び空間には、いろいろなあいまい性が混在しており、子どもたちはそのあいまいさのなかで自由に選択権を行使することができる遊び場のように思えてきました。また、周囲の大人たちにもそんな子どもの姿をじっくりと見守ることを許してくれる場所なのです。（たとえばブランコでは、子どものいろんな遊びの発展というのはあまり見られませんし、仮に見られたとしても、それは危険だということで周囲がのんびりと見守ることはできない遊具といえるでしょう）。

これこそが幼い子どもたちをほっとさせてくれる〈砂場〉の魅力ではないかと思うのですが、子どもたちは〈砂場〉のもつどんなあいまい性に自分をゆだね、どんな選択権を行使しているのか、それをいくつかのポイントから考えてみたいと思います。

(2) 〈砂場〉のもつあいまいな関係性

〈つくる／こわす〉

〈砂場〉のもつあいまいさの第一に、〈砂場〉は何かをつくりながらこわし、こわしながらまたつくることができる場所であるということをあげたいと思います。幼児期の子どもにとって、特に三歳児ぐらいまでは顕著でしょうが、つくることもこわすことも、どちらも同じような遊びの行為としてとらえることができます。

〈砂場〉の中では建設と破壊が同時に進行

たとえば、一～二歳の子どもの前で積み木を積んでみせると、必ずといっていいほどその山をこわして大喜びします。彼らにとっては「こわしている」という思いはなく、むしろ、自分自身が対象に対して働きかけ（力を加え）を行い、そのことによって対象にある変化を及ぼしているという点では、こわすこともつくることも同じなのかも知れません。〈砂場〉での遊びは、この子どもの求めている、つくりながらこわす、こわしながらつくるということを、子ども自身の遊びの中で容易に行うことができるものです。砂は、割れたりこわれたりして叱られるようなことはないし、また、すぐに子どもの思いに沿って何かの形になってくれます。

「つくる」というのはエネルギーの集中であり、「こわす」ことは発散につながるものかもしれません。それは静と動の関係であり、大脳の活動水準の高まりと解放ということにもつながっていくでしょう。〈砂場〉で遊ぶ子どもはこの幅の中を揺れ動いています。前に、砂遊びをしている子どもが、ふと考えごとをしている場面に触れましたが、子どもがそんな姿を見せるのも〈砂場〉のもつこの幅に由来するものかもしれません。

つくりながらこわす、こわしながらつくることを許す〈砂場〉の空間は、子どものもつエネルギーの集中と解放、精神的な昂揚と落ちつきを自在に制御することを可能とし、そこに子どもにとっての居心地のよさがあるのではないでしょうか。

〈遊び／仕事〉

〈砂場〉は子どもにとって、遊びを提供し、かつ仕事をさせる場所でもあります。このことはすでにシュラーダー・ブライマンも触れていたことですが、わたしなりに次のように考えます。

子どもにとっての仕事というとき、それは大人のように義務的に強くその遂行が求められるということを意味するものではありませんが、一定の見通しをもって何がしかの結果に到達するまでの行動を積み上げることを、子どもの場合の仕事と考えることができると思います。また、そのことによって他の子どもたちや大人の役に立ち、相応の評価を受けることも幼児期には大切な課題となります。

〈砂場〉での子どもの行動は、基本的には結果よりもその経過を楽しむことが目的になっているという点で遊びが中心といえるでしょう。しかし、何らかの到達点を強く意識した活動が行われていくならば、それはやはり仕事的な側面をもつということができるのではないかと考えます。

ある幼稚園で三歳児が一生懸命バケツに砂を入れていました。もし、その子がたまった砂を花壇に運んでいくということでもあれば、それはもう立派な仕事といえるでしょう。しかし、その子は砂がいっぱいたまったバケツをひっくり返すと、再び黙々と砂を入れ始めました。砂をスコップですくい集め、それをバケツに入れる、まさにそのことのみをこの子は楽しんでいたのです。

一方、プロローグで見たように仲間と共同で大きな砂山をつくった子どもたち。彼らの活動は、遊びのようであり

自分の体がすっぽりと入るほど大きな穴掘りは，遊びであり仕事であり

ながら、仕事に近い活動と呼んでいいと思います。子どもたちはそれぞれの頭の中に共通の大きな砂山のイメージがあり、それに向かってひたすら力を合わせて行動していました。砂山ができると、今度はそれを雪化粧するために、みんな白い砂をあちこちに集めに行ったのですが、このとき誰一人として勝手にトンネルを掘り出す者はいませんでした。そして全員が満足のいく大きな白い山ができあがって初めて、一緒にトンネル掘りを始めたのです。一人ひとりが自分勝手な行動をとらずに、共通の目的意識のもとに動いている様子は、もはや遊びというよりも子どもにとっての仕事に近いものだったと思います。

〈自立／依存〉

公園の〈砂場〉などでよく見られる光景に、母親たちが〈砂場〉で遊ぶ子どもたちを遠巻きに見守りながら話をしている姿があります。子どもは親から離れて遊んでいます。しかし、そこには見守ってもらっているという安心感があるようです。ときどき親の方を見ては、「おかあさーん」と声をかけたり、自分がつくったものを見せようとします。また、口の中に砂が入ったとか、他の子のおもちゃを取ったりすると、すぐに母親の方から子どもに声がかかります。

子どもの近くにしゃがみこむお母さん

ちょっと離れて見守るお父さん

子どもと母親の間には一定の距離があるのですが、しかし、そこには何も障害になるものがないという空間の構成上、子どもにとって親からの自立と依存の均衡が微妙に保たれているように思われます。この空間における関係は、いざとなればすぐに助けを求めることができるし、援助の手も差し伸べてもらえるという保障を子どもに与えています。それでいて、自分はちゃんと一人でも遊べるぞという自立の思いも、子どもはもつことができるのです。

もちろん、ときには親も一緒になって子どもと砂遊びをすることも自由ですし、遊んでいる子どもからそっと離れることも可能です。ただ、これは〈砂場〉の周囲に、明瞭な境界がないからこそ可能なことであり、近年、都心部の公園で見られるような、〈砂場〉を取り囲んでしまうフェンスのようなものはこの関係をこわしてしまう恐れがあるともいえるでしょう。

いずれにしても、〈砂場〉での不明瞭な境界というあいまいさが、子どもに対して自立と依存のチャンネルをゆだね、自らの思いを通して徐々に大人からの自立を子どもに選びとらせることを可能にするものではないでしょうか。

〈いる／いない〉

〈自立／依存〉は、子どもと大人の関係でしたが、今度は子ども同士の関係として見ることができるのがこの〈いる／いない〉という関係です。

いるような，いないような。互いに黙々と遊ぶ２人

フェンスで囲まれた砂場で遊ぶ女の子

子どもの遊びは他の子どもとの関わりにおいて、一人遊び、並行遊び（複数の子どもがいながらもそれぞれが別々に遊ぶ）、そして仲間との共同遊びといった形態に分けられます。これは一般に、成長とともに変化する子どもの遊び形態の特徴となるものですが、もちろん、大きくなった子どもたちのなかにも、これらそれぞれの遊びの形態は依然あり得ることです。

一人で黙々と遊んでいるとき、子どもはどんなことを考えているのでしょう。ぶつぶつとひとりごとをつぶやきながら、いろいろな思いが頭の中を駆け巡っているかも知れません。そして「あれ、変だな、どうしてかな」「うまくいかないな」などと考えていたかと思えば、「よーし、できたぞ」「次はあれをしよう」というように、自分の世界をつくり上げているようです。

そのうちに、子どもたちは隣にいる相手の様子が気になり始めます。そして、じっとながめていたり、いつの間にか一緒になって穴を掘りだしたり、また、ともに木製の汽車を走らせながら、それでいて、それぞれがそれぞれの運転手になって、別々の空想の世界で汽車を動かしていたり。そこでは何とも面白い「関係」が展開されています。ただはっきりしていることは、〈砂場〉という場所は、このような一人遊びも並行遊びも、そして集団で協力しあう遊びも展開できるという懐の広さをもっているということです。

仲間がいるようでいない、いないようでいる、そのいずれにおいても遊びを楽

落ちてくる砂の感触をたしかめる

〈砂場〉の中につくられるダム

しむことができる〈砂場〉。遊びの形態をいろいろに変化させてくれる、容量の大きなあいまいさがここに見いだされるような気がします。

〈自然／人工〉

〈砂場〉は自然の砂地とは違った人工の遊び場です。しかし、そこにある砂というのはあくまで自然物であり、人工的な空間でありながら自然の素材に満たされた遊び場というのが〈砂場〉の特徴です。

砂が手のひらから落ちていくこと、落ちていく砂が砂車の羽を回すこと、水を流せば砂に水が浸み込んでいくこと、トンネルを広げすぎると砂山が崩れること。これらはみな、自然の法則です。〈砂場〉という人工的環境のなかで、子どもたちは様々な自然の法則に則った現象を、遊びを通して体験します。

いま子どもたちを取り巻く環境の著しい変化の中で、自然の減少がことさら問題にされますが、実は自然とはいろいろなところで出会うことができるものだと思います。つまり、生き物や植物だけが自然ではなく、風や雲、太陽や影、そして砂や水までが自然の素材であり、それは身近に発見できて、またいろいろな遊びが工夫できるものなのです。

表面は乾いているのに、下の方は湿っている、あるいは上の方は温かいのに下の方はひんやりしているといったような自然素材としての面白いあいまい性もそこにはあります。

こうしてみると、〈砂場〉は幼稚園や保育園の中でも、最も自然を有しているところといえるかもしれません。そして、むき出しの自然ではない分だけ、子どもにとっては入りやすい自然でもあるでしょう。全くの自然状態は、子どもに対して危険を伴うことがありますし、一方自然をすべて排除した人工的環境だけでは、子どもは大きなストレスを感じるものです。

〈砂場〉は人工的遊び場でありながら自然を多く有する空間として、ファジーな位置にあり、そんなところからも、子どもをひきつける不思議な魅力をもっているといえるのではないでしょうか。

以上、〈砂場〉のもつあいまい性について思いつくところを考えてみました。いずれのあいまいさのなかにおいても、子どもが自分のペースで遊びを広げていく可能性が含まれていたと思います。わたしはこれこそ〈砂場〉という空間がもつ大きな魅力であり、そこに子どもたちは引きつけられているのではないかと考えます。

3．子どもの「遊び」と「学び」

(1) 遊びの中に見られる学びの姿

実は、もう一つの重要なあいまい性として、遊びの中に存在する子どもの知的な発達と成長につながる「学び」の要因、いうならば子どもの「遊び」と「学び」の関係におけるあいまい性というものがあるように思われます。ただしこれは〈砂場〉での遊びに限られるものではなく、本来子どもにとっての遊びとは何かという問題でもあるでしょう。そこで、この点に限ってもう少し述べてみたいと思います。

「遊び」と「学び」。これはそれこそ一般的には大きく対立する概念としてとらえられるものでしょう。しかし、子どもの世界、特に幼児期の子どもにとってこれは何ら矛盾することなく彼らのなかに共存するように思われます。

ある幼稚園で多くの子どもたちが〈砂場〉で穴を掘ったり砂山をつくっていたときのことです。わたしは一人の男の子（A児とします）が気になりました。彼は平たくのばした泥土がのった直径三十センチほどの盆ザルを大事そうに抱えていたのです。わたしが何をしているのだろうと興味をもってのぞいたとき、ちょうどもう一人の男の子（B児とします）にA児がその遊びを教えるという状況のもとで一連の活動が再現されました。

「よし，これを使おう。」

まず二人は、〈砂場〉から遠く離れた道路横の斜面まで行って土を削り取り、それを透明な厚手のガラスのコップに入れました。それから園舎わきの水道のところで水を入れ、小枝でぐるぐると撹拌しながら〈砂場〉のところまで戻ってきました。しばらくそのままにして土が沈殿するのを待つと、今度は慎重に容器を傾けて水だけを捨て、容器の中に残った泥土をもう一枚の盆ザルの上にあけます。

そうこうしているうちに、先ほど抱えていた盆ザルの泥土はだいぶ乾いてきたとみえて、板チョコのような状態になっています。A児は、ひび割れにそっ

固い泥団子のつくり方を伝授する女の子

て盆ザルから土の小片を引きはがし、園庭の誰もいないようなところをめがけて投げてみせました。そしてそれが飛んでいくのを見ながら「ほら、固まってちゃんと飛ぶんだよ」と言って、今度は二人で土片を投げるのでした。

この二人の子どもたちは、全く自由に自分たちの思いに沿って遊んでいたわけですが、わたしにはその一連の行動の中に子どもの遊びと学びの要素が同時に存在しているように思えてなりませんでした。

まず、A児は最初にコップに土を入れました。それもわざわざ〈砂場〉から離れたところまで取りに行き、固い土を棒切れで少しずつ削りながらかき集めたのです。彼にとってその材料は、砂ではなく土でなければならなかったというのは一連の行動で明らかですが、A児は自分がやろうとしていることの結果を見通して、その目的に向かって行動を開始したのです。

次に、土の入ったコップに水を注いで、乾いていた土をどろどろにしました。さらに棒切れでかき混ぜてからしばらくそっとしておき、土が沈殿するのを待って上水だけを捨てています。水がものの状態を変化させること、また水の中では重たい土が下に沈むことなど、それぞれの物質がもっている性質を巧みに利用しているのです。

さらに盆ザルの上にコップをひっくり返して中の泥土をあけ、できるだけ乾燥しやすいように薄く均等にのばします。盆ザルの底からは水滴が滴り落ちましたが、それを面白そうに二人は眺めていました。ここでも彼らは盆ザルの機能というものを自分たちの目的に沿って十分に使いこなしているのです。

そしていよいよ活動は泥土が固まったことを確認するという最終局面を迎えます。そのことをA児は、泥土片を放り投げることによって行いました。そして土片が空中分解することなく飛んでいったことで、彼は活動の成功を宣言したのです。

「ほら、固まってるからちゃんと飛ぶんだよ」

これは自分たちの活動の成否を評価するものであり、A児は自分のなかにそれをしっかりともっていたのです。

残念ながらわたしは、どうしてA児が最初にこの遊びを始めたのかを見ることはできませんでした。わたしが見たA児の姿はすでに一連の過程をそつなくこなす「技」の持ち主であり、自信にあふれる技の伝達者としてでした。しかし、そこに到達する過程においては、砂と土の性質の違い、水の働き、いろいろな道具の使用法、見通しをもって順序立てて行動することの意味といったことがらをA児なりにいろいろな形で学んできたことが推測できます。そしてその結果としての活動が一連の泥土遊びであったのです。

砂遊びの道具が子どもたちの使いやすいように置かれている

(2) 子どもの遊びと学びの関係

子どもの遊びは、その遊び自体が目的であるといわれます。いってみれば、子どもはとにかく面白いから遊ぶのです。また面白くなければ決してその遊びは長続きしません。そしてその面白さというのは、新しいことの発見や気づきの面白さであり、自分がもっている知識や能力を試す面白さであるようです。また、具体的な操作を通して予測と結果を照らし合わせ

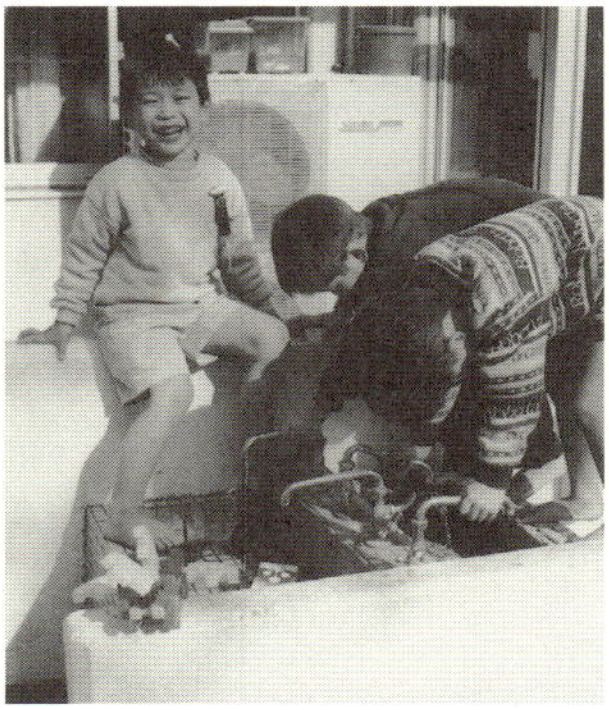

しっかり遊んだあとは，足もきれいに。「ああ，気持ちいい」

遊んだあと，先生と力を合わせて〈砂場〉にネットがけ

ながら、子どもなりの論理的な思考を働かす面白さでもあります。さらに、一緒にその思いを共有する仲間との関係を楽しむ面白さであったりします。

このような面白さの追求というのは、同時に子どもにとっての大切な学びの過程であり、また学びの内容そのものであるといってもよいでしょう。子どもたちが学ぶことは、断片的なことばによる知識、それこそ試験によって知っているか、知らないかが問われるような知識ではなく、ものの性質や状態の変化を全体的な流れのなかで直観的に感じ取ることであり、それをあやつる術を身につけることであります。また、ものや道具の使い方に慣れ、いろいろな場面において応用することです。さらに仲間同士が力を合わせ、心を一つにしていろいろな感情を共有しながらコミュニケーションの手段やことばの使い方を豊かにしていくことでもあります。

そのことは言いかえれば、ものや道具、生き物や自然などの対象がもつ法則性や合理性に子どもなりに近づいていくことであり、また人間同士のよい関係というものをつくり出していくということでもあるでしょう。そして大事なことは、そのような経験のなかで子どもは自分自身の思いや力、仲間のなかにおける自分の存在の意味ということを感じ取っていくのであり、自分というものをより客観的にとらえながら、自分が求める自分らしい自分に近づいていくということでもあります。

小さな子どもたちにとってより重要なのは、結果としての知識ではなく、その知識に至る過程を身をもって体験することです。そして、このようにして培われた能力は、後々の彼らの知的発達の重要な土台として位置づくことになるでしょう。ここに幼い子どもにとっての学びの本質があるといえるのではないでしょうか。

大きな砂山にじょうろで水をかけている子どもたちに「どうして水をかけるの」と尋ねてみると、すぐに「固いおやまになって崩れないから」という答えが返ってきます。また、最初に見たように年長の集団ぐらいになると砂山をきちっと固める前にトンネルを掘り始めるというようなことは決してしません。そんなことをすればトンネルはすぐに崩れることをこれまでの経験から子どもたちはよく知っているのです。また、その失敗の経験があるからこそ、四方からのトンネルが砂山の底で開通したとき、子どもたちは互いに手や指をまさぐりあって心から喜びあうことができるのでしょう。

こうしてみると、子どもというのは、遊びを通して学び、またその学びによって自分が変わっていけるということを他の誰よりもよく知っている存在のように思われます。子どもの世界において「遊び」と「学び」というのは、決して対立しあう両極ではなく、むしろ互いを包摂しあうあいまいな状態にあるといえるでしょう。子どもはそのあいまい性のなかに自らの成長の可能性を鋭く感じ取り、そして自己変革の欲求を「遊び」という活動を通して充たそうとしているのかもしれません。

そしてここでもまた、〈砂場〉という遊び空間は大きな役割を果たしているのだと思います。

［注］

1　ロバート・フルガム、池央耿訳『人生に必要な知恵はすべて幼稚園の砂場で学んだ』河出書房出版新社、一九九〇年、一七〜一八ページ

第 5 章

〈砂場〉を子どもたちにとりもどすために

1.〈砂場〉の衛生と安全管理

(1)〈砂場〉の汚れと子どもの健康

〈砂場〉の存続が危ぶまれているなかで、前章ではあらためて子どもにとっての砂遊びの意味と〈砂場〉という遊び空間の役割について考えてみました。このことがもし広く共通理解となっていくならば、〈砂場〉の「危機」はかなり回避されると思われます。でも、まだ大きな問題が残っています。それは〈砂場〉の衛生上の問題です。いくら砂遊びが子どもにとって大切な遊びであろうと、衛生や安全上の不安を抱えたままでは〈砂場〉への拒絶意識は容易にはなくならないでしょう。

〈砂場〉の汚れと子どもの健康の関わりというのは一体どうなっているのでしょう。本当に、〈砂場〉は今すぐにでもなくしてしまわなければならないほど、回復不能な状況にあるのでしょうか。

〈砂場〉の汚染で一番問題になるのは、犬・猫の排泄物に含まれている回虫の卵だといわれます。犬や猫にはトキソカラ属線虫と呼ばれる回虫がごくふつうに寄生しており、これは人間にも何らかの病状を引き起こす可能性をもつ寄生虫であることから、砂遊びを通してこの回虫卵が子どもの体内に取り込まれることが心配されるのです。

たしかに、回虫卵による〈砂場〉の汚染は、都市化の進行とともに増加傾向にあるようです。たとえば一九九〇年代に行われたある調査では、東京都内の公園五十六カ所のうち半数以上からトキソカラ属線虫卵が検出されました。一カ所の〈砂場〉からの回虫卵の検出数では最高が七十九個、最低では一個という結果が報告されています。ただし、このときの検査方法としては、各〈砂場〉から直径六センチ、深さ三センチ分の砂しか採取しておらず、実際の

飼い主へのお願い

汚染度はもっと高いことが推測されます。また、回虫卵は条件さえよければ数年間も生存することができるというのです。

この調査結果で興味深いことは、普段、犬や猫に関する苦情が多いにもかかわらず、畑地の多い地区にある公園の〈砂場〉は、住宅密集地の〈砂場〉よりも回虫卵の検出率が低かったということです。〈砂場〉の汚染はまさに、現代的な都市社会の問題といえるでしょう。

それでは、この回虫卵が万が一人間の体内に入るとどうなるのでしょうか。このことが最も心配な点なのですが、通常はほとんど影響はないといわれます。ただ、まれに腸内で孵化した幼虫が幼虫移行症という症状を引き起こすことがあるのです。これは、犬・猫の回虫というのが人体では成虫にまで成長することができないために、幼虫のままで人間の体内を循環するというものです。このとき幼虫が内臓や肺、目にとどまると、熱やせき、だるさ、そして肝臓が腫れたり、眼内炎による視力障害といった病状がもたらされることがあるといいます。

このように述べてくると、やはり不安の方が大きくなり、〈砂場〉への拒絶反応が大きくなるかもしれません。しかし、この回虫にとって人体は本来の宿主ではないことから、回虫にとってもその「住環境」は決して良いものでなく、症例の報告もそう多いものではありません。またその症例自体も、必ずしも〈砂場〉との直接的な関係に結びつくものではなく、むしろペットとして日常的に犬・猫に接している場合の危険性の方が高いのです。

一方、〈砂場〉との関係でみたとしても、それなりの予防策を講じることによってこの危険というものは十分に防ぐことのできる問題です。もちろん油断は禁物ですが、それが何がなんでも〈砂場〉から子どもを遠ざけなければならない事態なのかといえば決してそうではないのです。

なお、〈砂場〉の汚れに関しては、犬・猫の回虫卵以外ではアカントアメーバーと呼ばれる原生動物の生息があるといわれます。しかし、このアカントアメーバー自体は〈砂場〉に限らず、土や水中に広く生息しており、いわばどこにでもいるものです。これも、まれに人間に寄生することがあり、角膜炎を起こす例が報告されていますが、健康な子どもの場合、ほとんど心配はないといわれています。

来園者への注意を記す看板

さて、それでは〈砂場〉の汚染に対する感染症予防の方法とはどのようなものでしょうか。実はそれは決してむずかしいことではありません。

最も簡単で最もその効果が期待できること、それは、砂で遊んだ後に石鹸を使い流水でしっかりと手指や爪の中を洗うことです。基本的に手指を介して回虫卵を口に入れなければよいのであって、これは幼虫移行症だけでなく、犬や猫などに由来するいろいろな人畜共通の伝染病感染予防にも効果があるといわれます。単純ながらも手洗いやうがいの習慣をつけていくことが身を守る大きな力となるのです。

そのためにも〈砂場〉の近くに水場を確保しておくことは〈砂場〉の管理者に強く求められます。また、子どもの爪をきちんと切ってあげたり、衣服に付いた砂を払い落とすことなども大人たちは気をつけてあげたいところです。たしかに、幼い子どもが砂を直接口に入れるということもまれにありますが、これは一度しっかりと教えておくことで未然に防ぐことができますし、彼らにしてもそうやたらと砂を食べるものではありません。このことは保育園などでの指導のなかで十分に証明されていることです。

〈砂場〉の近くにぜったい必要な水場

(2) 〈砂場〉のメンテナンス

砂場の汚染の問題は、〈砂場〉に犬や猫が入りさえしなければ何ら心配のないことですが、なかなかそうはならない現状があります。そこで、〈砂場〉の衛生対策は犬・猫などのペット飼育者のモラルを求めるものから、最新の科学的な技術を使っての対応策まで最近はいろいろなものが登場しています。

○ペットの飼育者に対する注意の喚起

〈砂場〉の衛生上の問題は、くり返しますが、〈砂場〉の中に動物が入りさえしなければまず問題は起きません。そのことを飼い主一人ひとりがしっかりと守り、万一、〈砂場〉内で排泄があってもすぐに始末するという最低限のマナーを守ることが求められています。これは〈砂場〉や公園内の問題にとどまらず、路

ペット飼育者に対する注意

上などにおいても全く同じことがいえるでしょう。

また、定期的な駆虫薬の投与をもって回虫駆除を行うことの大切さはいうまでもなく、捨て犬、捨て猫などを未然に防ぐための避妊処置や、放し飼いをしないということも飼い主にとって大きな責任となるでしょう。

近年、公園等へのペットの連れ込みを禁止するだけでなく、犬・猫の排泄物による汚染防止のための条例をつくる自治体もでてきています。なかには立ち入り調査や氏名の公表を行ったり（水戸市）、五万円以下の罰金を科す（愛知県西春町）といった試みがなされたところもありました。たび重なる注意にもかかわらず、いっこうに改善されない事態に対する窮余の策ともいえますが、ペットを家族の一員として飼う以上、その愛情としつけにおいても家族並の扱いが求められるでしょう。

○犬・猫のトイレ設置

東京都足立区の諏訪木西公園には犬・猫専用のトイレが登場しました（一九九三年）。直径一メートルほどのコンクリー

ペットトイレ（羽曳野市提供）

犬猫トイレ
（東京新聞'93年４月23日朝刊）

ト枠の中に砂が敷き詰められ、中央にはコンクリート製の円柱が立っています。動物の習性を利用した苦肉のトイレ策ですが、前述のように畑地の多い地区での〈砂場〉の汚染率が低かったことを考えれば、有効な策の一つかもしれません。また、この犬・猫専用トイレの脇には、飼い主が拾ったフンを処理するための青空水洗トイレもあわせて設置されており、フンを持ち歩くことなく始末できる手軽さが利用を広げているといいます。

同様のフンを始末するための試みは、大阪府羽曳野市でも行われています。「ペットトイレ」と呼ばれる特注のゴミ容器が、市内九十九カ所に設置され、一九九九年度には約十一万キログラムのフンが回収さました。

その後、羽曳野市の試みは取りやめとなっていますが、足立区の事例も含めて、市民への公園衛生に関する意識啓発に一定の意義があったということです。

○〈砂場〉の清掃、砂の消毒、入れ替え

〈砂場〉の衛生・安全管理としては、人海戦術でフンや落ち葉、その他の危険物を取り除きながら砂を掘り起こし、直射日光

〈砂場〉のごみ除去作業

砂場用自走式清掃装置

と空気に触れさせることがまずは一般的な方法です。このとき、ガスバーナーや電気によって加熱した特別の砂ブラシを用いて表面の砂を熱殺菌するという方法も試みられています。また最近では〈砂場〉の砂全体を大きなドラムに流し込みながら加熱殺菌するという装置も開発されています。

砂の入れ替えについては、定期的にこれを行っている自治体もあれば、汚染がひどくなってからようやく入れ替えを行うところなどまちまちですが、汚いまま放置されたり、少ない砂がカチカチになったままということがないよう定期的な管理、入れ替え等が望まれるところです。

○〈砂場〉に犬・猫を寄せつけない方法

〈砂場〉に犬・猫が入らないようにする方法もいろいろ試みられています。

まず最初に考えられるのが、〈砂場〉の周囲を柵や金網で囲むやり方です。最近では子どもたちが出たり入ったりすることのできる、それ自体が一つの遊具となった強化プラスチック製のドーナツ型トンネルで〈砂場〉を取り囲むものなどができています。

ドーナツ型の遊具に囲まれた〈砂場〉

柵の中にも自由な開放感が必要

囲い込みの方法は、犬・猫の侵入を防ぐにはたしかに効果があると思われます。ただ、〈砂場〉が本来もっていたはずの自由で開放的な空間という特徴を大事にするような工夫も求められるところです。

犬・猫を〈砂場〉に寄せつけない二つ目の方法として、〈砂場〉全体をビニールシートやナイロン製の防球ネットなどで覆ってしまうというやり方があり、これは多くの幼稚園や保育園、公園などにおいて採用されています。この方法は〈砂場〉の周囲を柵で囲い込むやり方と違って、〈砂場〉の空間の自由さを残したまま、犬・猫の被害もかなり防ぐことができるようです。ただ、ビニールシートの場合は、大きな〈砂場〉に対して不向きであったり、砂が固まりやすいとか、直射日光による殺菌効果を失う一方で、夏場は熱がこもって細菌の繁殖に良い環境をつくってしまうといった問題点も指摘されるところです。

これに対して、ナイロン製のネットを使った覆いは、犬や猫も入りにくく、開け閉めも容易であり、日光や乾燥による砂の殺菌効果も期待できるとしておおむね好評のようです。ただし、ネットは砂の上に直接乗るように覆ったのでは意味がなく、犬・猫の

砂の熱殺菌処理作業

子どもでも開け閉めが容易なネットカバー

足が引っかかるようにネットと砂の間にいくらかの隙間を設けるのがいいという使用例を聞きます。ネット設置のための上手な工夫が求められます。

また最近では、赤外線センサーによって〈砂場〉に入り込む猫を感知し、スプリンクラーから水が飛び出して猫を退散させるという装置も開発されています。猫は顔や体に水がかかるのを非常に嫌う性質があるといいます。学習効果によって水浴好きな猫が出現しないことを祈りながら、また廉価な商品開発が求められるでしょう。

○化学的手段による犬・猫対策

右のような物理的に犬・猫を〈砂場〉に寄せつけない方法に対し、「化学的手段」ともいうべき薬品や新素材の砂を用いた〈砂場〉の管理方法もここ数年で大きく進んでいます。その種類もいろいろなものがあり、有名な清涼飲料水メーカーの関連企業までがこの課題に取り組んでいます。

たとえば、オゾン水を用いての砂の殺菌や洗浄、イオン効果による抗菌が施された砂を混入させて汚染除去力の維持をはかるもの、小動物用の忌避剤を用いて犬や猫を〈砂場〉に近づけないようにするなどの方法があります。また、バイオテクノロジーによって、殺菌ではなく、有害な菌をやっつけてしまう有用な菌を〈砂場〉に育てる方法など高度な技術まで応用されています。

これらの方法は、犬・猫の〈砂場〉汚染に対して一定の効果が期待されています。

抗菌砂の補充作業

抗菌砂撒布作業

ただ、基本的にはそれぞれのメーカーがうたうように、人体にとって安全ということが最も重視されなければならないでしょう。ましてや〈砂場〉は小さな子どもたちが遊ぶ場所です。他の副作用がもたらされることのないよう、慎重の上にも慎重を重ねた研究に期待したいと思います。また、この点では〈砂場〉で子どもを遊ばせる大人の方が、過度に神経をとがらせて消毒剤を大量にまいて安心するなどということがないように気をつけなければならないでしょう。

以上、〈砂場〉の衛生と管理、対応策についてみてきましたが、ペット飼育者には動物を飼う基本的なルールを守ること。〈砂場〉の設置管理者に対しては、身近に手洗いができる水道を設置すること、犬・猫が近づかないような設備的方策と定期的な清掃・管理を行うことが求められるでしょう。また、〈砂場〉を利用する者の心得としては、砂遊びのあとの手洗いやうがいをきちんと子どもにさせることが、決定的に重要です。〈砂場〉に対する事実無根とまではいわないものの、無責任な恐怖心ばかりを大きくすることのないよう、何がどのように危険なのか、そのうえで危険を回避する手段を冷静に考えていきたいものです。

また、潔癖なまでに清潔にこだわるという問題にも気をつけておきたいと思います。小さなうちから「無菌状態」で子どもを育てることは、かえって病原菌への抵抗力を子どもから奪ってしまい、あとあと大きな病気にかかりやすくなるといった指摘も最近はなされているところです。

〈砂場〉に対する不安の実態というのは、大人たちのちょっとした気づかいさえあれば取り除いていくことができるものです。そして、そのことを通じて子どもたちは最大限の恩恵を受けることができるということを、いま大人たちや社会は真剣に考えるべきだと思います。

(3) 〈砂場〉の管理基準づくり

〈砂場〉の衛生・安全管理について、もう一つ最近の動きを紹介しておきたいと思います。わが国では都市公園に設置されている遊具の安全に関して、社団法人日本公園施設業協会が「公園施設の安全管理」というものを定めています。

それによれば、たとえばすべり台ならば、設置地面の様子や上り階段、踊り場、滑走台そして柱部分といったそれぞれのパーツに沿って、へこみや障害物、突起物の有無、変形、ゆがみ、ぐらつき、さびや腐食の有無といった点を、視診、触診、聴診（たたいて音を聞く）を通して行うといった診断基準が設定されています。さらに定期点検ではメジャーやノギスなどの計測器を用いてより厳しく検査することが決められています。

点検の結果は一定の判定基準にしたがって、そのままでも継続使用が可能かどうか、それとも継続使用をしつつ部分修繕が必要かどうか、あるいは使用を禁止しての部分修繕、または精密点検を必要とするか否かといった判定がなされていきます。

ところがこれまでのところ、この安全管理基準のなかには〈砂場〉は含まれていませんでした。その理由としては「もの」としての〈砂場〉には多様な要素が入り込んでおり、他の遊具のようには客観的な基準を設けにくかったということがあったようです。たとえば、化学的な調査の方法を取り入れなくてはならないこともその困難性を大きくする要因でした。

点検遊具の区分と点検頻度（日本公園施設業協会「公園施設の安全管理」より）

施設区分	点検頻度	備考
固定遊器具	一回以上／年	鉄棒など
動きのある遊器具や、磨耗しやすい部分を有する遊器具	一〜四回／年	ブランコ、シーソー、すべり台ロープウェイ、ネットなど
コンビネーション遊器具	一〜四回／年	

＊「コンビネーション遊器具」とは、右記の遊具が複合したもの。

このことから、一般に公園の〈砂場〉が汚い、汚れているという苦情があっても、それでは〈砂場〉の何をどこまできれいにしなくてはいけないのか、といった具体的な対応策はなかなか講じにくいという問題がありました。ある町ではゴミや枯葉、それこそ犬・猫のフンも掃いて清めるだけ、またある町では砂の熱処理を年に数回施し、また砂の入れ替えを年一回は必ず行うといった徹底ぶり、とその対応の仕方は様々です。

〈砂場〉の安全対策を不十分ではなく、また過剰でもなく、適切に行うためにはどうすればよいのか。このことが〈砂場〉の汚染問題の高まりとともに、関係者らのあいだで解決すべき課題となっていきました。そして対策の指針を設けるためには、何よりもその客観的な管理基準が必要であるということが話しあわれてきたのです。

このようななかで一九九九年、抗菌剤や砂の熱処理、清掃など、〈砂場〉の環境改善に寄与する公園関連企業を中心として、市民や研究者らとの連携のもと「砂場環境研究会」という組織が結成されました。この研究会は都道府県への聞き込みや公園の〈砂場〉の実態調査を行い〈砂場〉の管理基準をまとめました。

そこではたとえば、「一、生物障害」（「犬猫の糞便の有無」「有機物混入の有無」「排水性の良否」「湿度の高低」「砂の表面の形状・固さ」「公園と砂場の面積比」など）、「二、物理障害」（「異物混入の有無」「使用頻度の高低」）、「三、その他の障害」（「砂場内遊具の有無」「砂場周辺の段差の有無」「臭気の有無」）といった調査の項目と、その判定方法や対策のあり方が定められました。（注1）

それまでおざなりにされてきた〈砂場〉の管理基準が設定されたことは一定の進歩でした。ただ、残念ながらこの研究会はその後解散し、〈砂場〉の環境保全に関する課題は引き続き残っているのです。

砂場環境研究会の設立

いずれにしても、砂場の管理の徹底を公園設置者の側にだけ強く求めて、一般市民が自覚的な対応をしないということでは問題です。基本的には前で述べたように、大人たち一人ひとりが子どもたちの遊びを見守りながら、公園や〈砂場〉の管理に関わっていくことが何よりも大切です。

ところで、行政との連けいをもとに、地域住民が主体となって公園管理を行い、〈砂場〉をしっかりと守り続けてきた自治体があります。それを次に見ておきましょう。

(4) 〈砂場〉・公園管理の新しい姿

全国的に公園の〈砂場〉が減少傾向にあるなかで、その数をあまり減らしていないめずらしい都市があります。それはあの「幻の砂場」があった岡山市です。

岡山市ではすでに昭和四十（一九六五）年から、地域住民と行政とのあいだで「公園愛護委員会制度」というものを取り決め、〈砂場〉や公園の清掃、安全管理を地域住民が中心となって取り組んできました。これにより、〈砂場〉の衛生に関する苦情はたいへん少なくなり、また新しく設置される公園においても当然のように〈砂場〉がつくられてきたというのです。

この制度というのは、街区公園をもつ町内会において公園管理のための委員会をつくり、その委員会監督のもとで住民ボランティアが管理人として公園のメンテナンスを行うものです。また、行政はそのための予算（報償金）を各委員会に配分するのですが、管理人の人数や配分予算は公園面積によって、次のようになっています。

公園等の面積	管理人数の上限
五、〇〇〇平方メートル未満	二人
五、〇〇〇平方メートル以上 一〇、〇〇〇平方メートル未満	三人
一〇、〇〇〇平方メートル以上	四人

団体名	年・月	報償金額
一愛護委員会	年	一二、〇〇〇円
一管理人	月	二、三〇〇円

各公園ごとにこの愛護委員会がつくられ、それぞれが独自の計画のもと、わが町の公園、わが町の〈砂場〉を大切にしているのです。くり返しますが、多くの都市で〈砂場〉の数が減ってきているなかで、ここ岡山市では愛護委員会の存在をバックとして新設の公園でも積極的に〈砂場〉が設置され、子どもたちの砂遊びが奨励されているのです。

地域住民が遊び場の管理を行政に対して一方的に求めるのではなく、地域づくりの主体的な担い手として、ともに遊び場を創り守っていくというこのような動きは、これからの貴重な先進例といえるのではないでしょうか。

2. より楽しい砂遊びのために

〈砂場〉の衛生と安全への配慮は、子どもの遊びのためには欠くことのできない条件ですが、もうひとつ、より積極的に楽しい砂遊びの環境づくりということも忘れてはならない課題でしょう。〈砂場〉の不要論が言われている一方で、子どもたちの砂遊びを豊かにするための工夫もいろいろと試みられてきています。その一端を次に見ていきましょう。

(1) 違った種類の砂がひらく遊びの可能性

イギリスの〈砂場〉を訪ねたときのことです。すぐに日本の〈砂場〉とは決定的な違いがあることに気がつきました。それは砂の質が全く違っていることです。日本の砂は比較的粒の大きいものですが、イギリスでは細かくてさらさらとした砂が主流でした。それはちょうど砂時計の中に入っているような砂なのです。

この砂質の違いは子どもの遊びにも反映していました。日本の子どもは砂でダイナミックに何かをつくる楽しみ（大きな山づくりや、深い穴掘り）があるのですが、イギリスの砂ではあまりそのような遊びはできません。むしろ、砂そのものの感触を楽しむような、あるいは他の遊具や遊びの舞台装置としての砂の使用（砂車を回したり、滑車で持ち上げたり、小物を隠しての宝探し、ミニチュアの恐竜を歩きまわらせる場所としてなど）を見ることが多いように思いました。

ほとんどのナーサリー・スクール（幼児学校）には室内に足付きの小さな砂箱（サンドテーブル）が用意されています。なかには複数の砂箱があるところもあり、一つは乾燥した砂、もう一つは湿った砂という二種類の砂の状態が用意されていました。

砂にもいろいろな砂があるというのはごく当たり前のことかもしれませんが、それによって遊び方も微妙に変わってくるというのは面白いことです。ちょうど日本の子どもたちも砂山をつくる砂と、飾るための砂を使い分けていたことを思い出します。

可能ならばいろいろな砂の感触を子どもに味わわせてみたいものです。もっともそのためには費用のことや、何よりもせっかくの質の違う砂がすぐに混ざりあってしまうという問題もあるでしょう。しかし、素材の微妙な違いを感

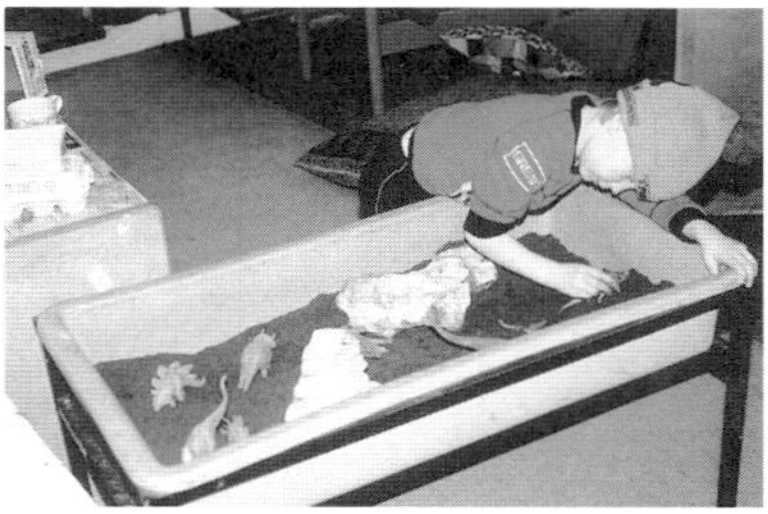

室内のサンドテーブル三種
上）石と恐竜のミニチュアを入れて
中）湿った砂にスコップやバケツが入っている
下）手前の砂は乾燥した白砂で，木の棒や貝殻が入っており，向こう側は土が混ざったような湿った砂

じて使い分けていくといったことがこれからの砂遊びの可能性としてあるように思います。

この点で室内の砂箱のアイディアは使えるかもしれません。もちろん、それは〈砂場〉とは違いますが、戸外における砂遊びとのコンビネーションを組むものとして、外の砂とは違った質（粒子の大きさや色の違った）砂を入れてその感触を楽しんだり、また、雨天時や冬期における砂遊びを可能にするものとして使用するならば、それぞれにその持ち味を生かしていくことができるかもしれません。

園舎と〈砂場〉のコンビネーション。砂遊びがぐっと身近になる

(2) 多様な〈砂場〉設置の工夫

〈砂場〉は幅広い年齢層の子どもが遊べる遊具であることはすでに見てきたとおりですが、大きな子どもたちが〈砂場〉を占領してしまって小さな子どもがなかなか入りにくいということもよくあるようです。発達年齢に応じた〈砂場〉の設置が必要となるでしょう。

ある幼稚園では特に一学期の期間だけということでしたが、年少向けの小さな〈砂場〉を即席で設置していました。木枠をおいた中に〈砂場〉の砂を運び入れただけの予算的にも安価なものですが、なかなか子どもたちには好評だといいます。このような、移動できる〈砂場〉、あるいは突然現れる〈砂場〉のような、そんな意外性のある〈砂場〉も子どもの心をとらえるかもしれません。

あるアパートのベランダ前にやはり即席の〈砂場〉をつくって子どもを遊ばせているお母さんがいました。家庭においても、ちょっとした工夫で子どもの砂遊びが可能になります。大人の側の柔軟な遊び心こそ子どもにとって大切なものとなるでしょう。

また、別な幼稚園では、三方を二つの保育室と廊下に囲まれた、いわば中庭ふうの場所に大きな〈砂場〉を設けていました。そのため室内からも、〈砂場〉からも子ども同士、お互いの様子をうかがうことができます。また、保育室のベランダからすぐに行き来ができるという点で〈砂場〉はより身近に感じられる遊び場となっていました。もしここにちょっとした屋根のようなものがあるならば、全天候型の〈砂場〉としても使用できるでしょう。〈砂場〉が園庭の隅の遠いはずれにあるというのではなく、積極的に建物との一体性をもって配置がなされたことがとても面白い工夫であると思います。

(3) 進化した？〈砂場〉

一九九四年十月四日付の「北海道新聞」は「みんなで遊べる立体砂場」と題する次のような記事を掲載しました。

森の中の斜面など自然の地形を利用したユニークな〝三階建て〟

地元新聞による完成前の屋内砂場の紹介（釧路新聞社）

三階建ての「立体砂場」

の立体砂場「砂工房」を石狩管内広島町西の里の札幌自由の森幼稚園（瀬川五水園長、園児数五十人）の職員たちが、このほど完成させた。発達段階に応じて幼児が遊びを選択できるように工夫しており、砂をバケツで上げる滑車などの遊び道具も。これまでのイメージを変えた道内でも珍しい砂場となりそうだ。

（中略）

園内の起伏のある森を利用し、それぞれ一・二メートルの段差の砂場で構成。一階と二階は四・五歳児中心に活発に動けるようになっており、一階から二階に滑車とバケツを使って砂を運んだり、逆にといで一階の方に砂を流したりできる。一方、三階は三歳児向けで、従来の砂場同様に型枠に砂を入れていろいろな形をつくることができる。各階は坂道で結ばれ、自由に行き来できるようになっている。八月末から瀬川園長ら職員三人が、木材を購入して製作に取りかかった。

瀬川園長は「考えたイメージと子供たちの実際の動きがぴったり一致した。別々なようで、年長から年少までが一体感を持って遊べるようになっている」と話している。

三階建ての「立体砂場」というのは、まさに〈砂場〉の歴史始

遊具と〈砂場〉のコンビネーション（釧路町）

まって以来のものといえるでしょう。わたしも訪問してみましたが、一・二階部分ではまるで建設現場のような遊びが行われていました。

このような〈砂場〉はもちろんどこにでも作れるというものではありませんが、この立体砂場は〈砂場〉とその周囲のコンビネーションの大事さを示しているように思います。〈砂場〉を孤立した遊具として配置するのではなく、たとえば築山や他の遊具との連続性をもたせるだけでも子どもの遊びは大胆に変化します。子どもの遊びが連続的に展開していくものであるならば、それを受けとめる遊びの環境もまた連続的構成をもつことが大切かもしれません。

(4)　車椅子でも遊べる〈砂場〉

同じく札幌市の例ですが、一九九六年、南区につくられた藤野むくどり公園の〈砂場〉は、車椅子に乗った子どもたちも砂遊びができるという画期的なものです。公園敷地が緩やかなスロープで結ばれる高低差をもっており、上段部分からはそのままの高さで〈砂場〉に入れますが、下の敷地面からは〈砂場〉がちょうど

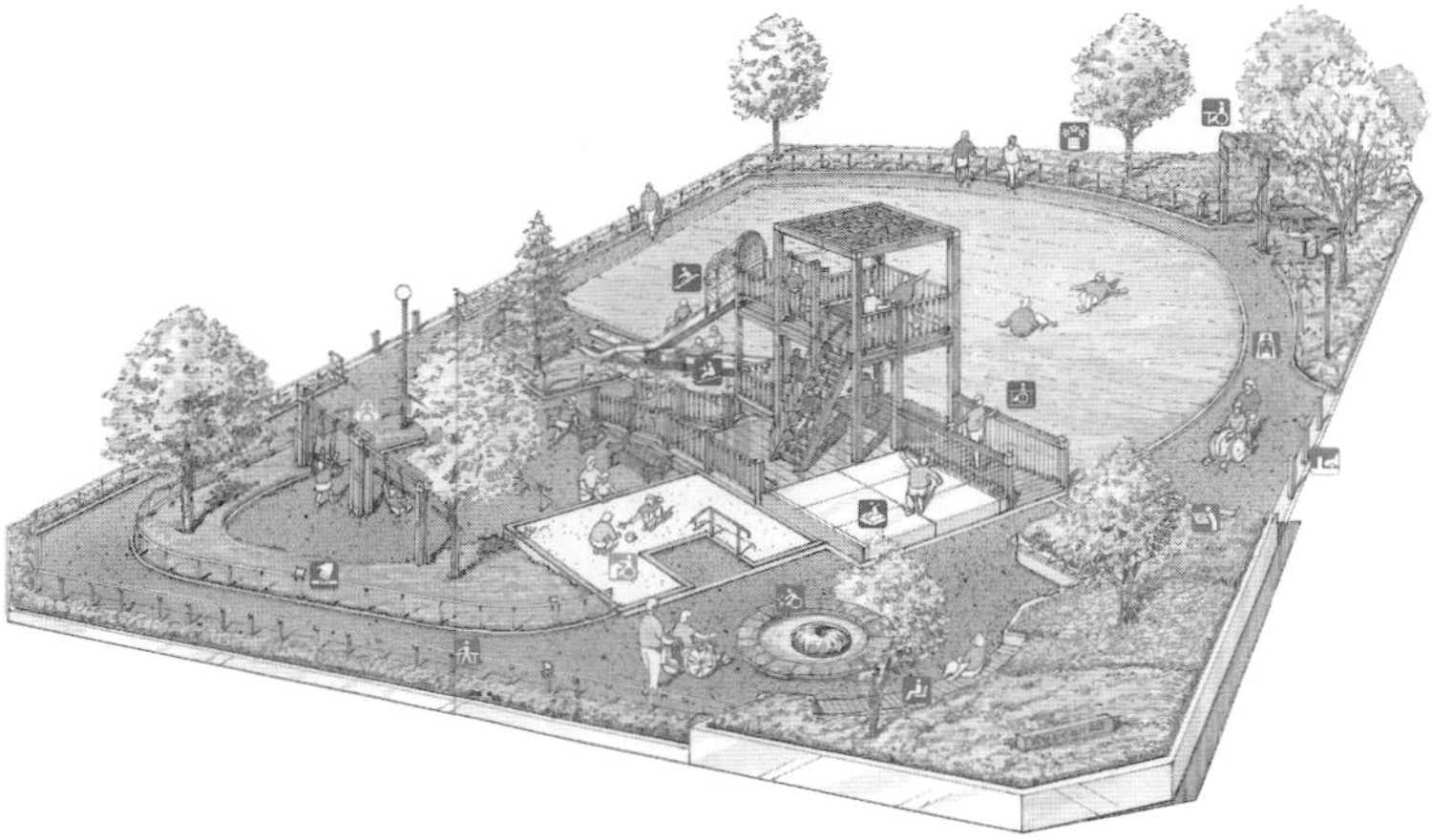

札幌市藤野むくどり公園の〈砂場〉とイラスト図
（札幌市，公園のパンフレットより）

車椅子に座った子どもの胸の高さになるというものです。

障害をもっていて普段なかなかできないような遊びが、このようなかたちで克服されたことに心打たれます。実は、この公園は〈砂場〉だけでなく公園全体が、たいへんユニークな活動を通してつくられたものでした。小出まみ氏がその経緯について次のように紹介しています。

> 市民として、あるいは公園のつくられる地域の住民として、あるいは障害児を持つ親として様々な関心を持つ者たちが設計段階で討論しあい、意見を練り上げ市に提案していった。
>
> 市もこの住民参加、ワークショップ方式による公園の設計という新しい試みに積極的であり、足かけ二年に及ぶ五度のワークショップや、遊具、設備、花の種類などについてともに協議を重ねた。いったい何があれば体が不自由でもあそべるのか、何が今までの公園ではバリアーになっていたのか、

車いすや目の見えない状態を互いに実習してみるなどしながら、意見を交換しあい、目が不自由でも耳が不自由でも楽しめる遊具や設備、転んだ時のショックをやわらげる柔らかい材質の園路などが工夫された。(注2)

ここからは、心わきたつような光景が目に浮かぶようです。きっと大人も子どもも、またこれまで遊ぶ機会が少なかった障害をもった子どもたちも、胸をわくわくさせながら自分たちの公園づくりに取り組んだことでしょう。行政の熱心な姿勢も大いに好感がもてます。

近年、全国的に子どものための遊び場を見直す動きが広がりつつあります。藤野むくどり公園のようにバリアフリーを目指す公園、近隣の住民が話しあいを重ねてつくり上げていく公園、あるいは子どもが自分の責任で自由に遊ぶという冒険広場の試みといったものです。これからもこのような夢のある公園づくりが、各地で行われていくことを期待したいと思います。

(5) 屋内の巨大砂場

わたし自身、市民メンバーの一人として設置に関わった〈砂場〉があります。それは、二〇〇五年にオープンした「釧路市こども遊学館」につくられた屋内砂場です。

この建物は、科学館と子どもの遊び場を一体化させたもので、その一階部分に約一四〇㎡の巨大砂場があります。建物に入るとすぐに大きな〈砂場〉空間が現れ、最初はだれもが驚き、そして子どもたちはすぐに〈砂場〉に駆け寄ります。もちろんこの広い〈砂場〉では、子どもだけでなく、お父さんやお母さん、おじいちゃんやおばあちゃんなど、大勢の人がいっしょになって遊ぶことができます。

円形状の〈砂場〉の縁には木製のすのこが敷かれてあり、ここで靴を脱いで砂場に入ります。裸足になることで靴底から汚れが砂に移ることはありません。また、ここには、犬や猫が入り込む心配は全くありません。いつでも、きれいなふかふかの砂がたっぷりと満たされていて、思う存分砂遊びが楽しめます。

〈砂場〉の周辺には段差のある三つのサンドテーブルも設置しました。これは藤野むくどり公園から学んだ、車椅子でも遊ぶことのできるミニ〈砂場〉です。また、〈砂場〉の回りに椅子やテーブルを配置したことで、保護者が子どもの様子を見守りながらひと息ついたり、子どもたちも周囲からのあたたかい目線を感じながら遊ぶことができます。

北海道は冬が長く、半年近く戸外での砂遊びはできません。でも、ここでは一年中、砂遊びを楽しむことができ、子どもたちの声が響いています。

釧路市こども遊学館

屋内の巨大砂場

段差をもうけたサンドテーブル

1年を通して楽しめる砂遊び

(6) **イギリスの〈砂場〉から**

最後に、イギリスでみたちょっとユニークな〈砂場〉と砂遊びの様子を、写真を通して紹介します。

【エジンバラ市、リース公園】

公園内の柵で囲まれたところが広い〈砂場〉となっており，スパイダー・ロープや鉄棒などが設置されている

下は柔らかい砂なので，安心して上へ上へと登っていく。向こう側では，子どもと大人たちが一緒になって何かをつくっている

つくっていたのは，サンドキャッスル。日本ではあまり見られない造形？

【エジンバラ市、ソートン公園】

広い〈砂場〉の中央にはコンビネーション遊具

落ちてきた砂で
さっそく砂山づくり

滑車を使って砂を上に持ち上げ，パイプを通して下に落とす。下で待っている子どもたちはパイプから落ちてくる砂に大はしゃぎ。知らない子ども同士でも，すぐにうち解けあって遊ぶ

テーブルの砂を小さな手に集めて……

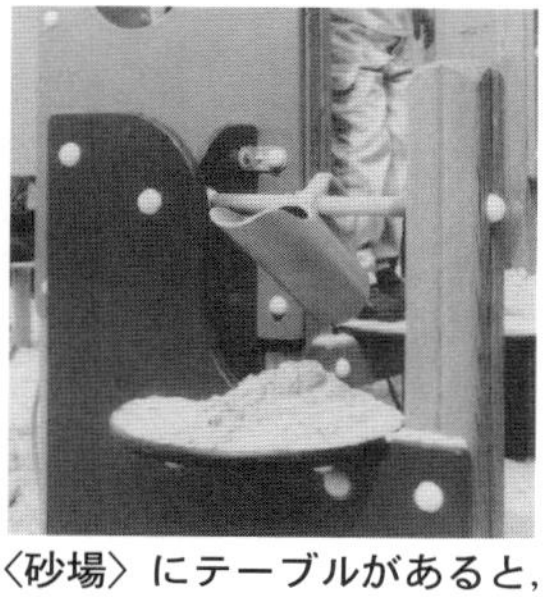

〈砂場〉にテーブルがあると，
遊びが広がる

砂山をつくってにっこりほほえむ女の子

砂の感触が気持ちよくて思わずにっこり。指の先にも力が入る

子どもの砂遊びがより楽しくなるための実践やアイディアを紹介しました。まだこのほかにもいろいろな工夫がなされていることと思います。今後、さらに〈砂場〉に関する意見や情報を交換しながら、よりよい〈砂場〉について考えていきたいと思います。

［注］

1　砂場環境研究会編『砂場の衛生管理基準』二〇〇一年三月

2　小出まみ『地域から生まれる支えあいの子育て』ひとなる書房、一九九九年、一九五～一九六ページ

エピローグ――〈砂場〉の歴史から見なおす今日の子ども観――

(1)「子どもの発見」は遊びの発見とともに

かつて、子どもというのは「小さな大人」ということばに象徴されるような、未完成で未熟な大人としてとらえられていました。そのため、その未完成な人間を早く一人前にするための道具として「教育」があり、それは大人社会の規範や習慣、読み書き算などを無駄なく徹底的に子どもに詰め込むための手段と考えられていました。よくできた子どもにはご褒美を与え、できない子どもはむちで打つなど、いわゆる「アメとムチ」による教育は当たり前のことでした。そこには「遊び」の入り込む余地など全くありません。

ルネッサンス期に活躍した思想家エラスムス（Erasumusu. 1466？-1536）は、すでに一五二九年に『幼児教育論』という本の中で次のように書いています。

わずか四歳になったばかりの年ごろで、あの教養のない、百姓くさい、不道徳な教師どもによって経営されている学校に入れられるなんて、子供にとってこんな迷惑千万なことはまたとあるまい。（中略）

今日の学校は学校というより拷問所といった方がぴったりする。そこには笞や棒でなぐる音がひびきわたり、そこから聞える人声は悲鳴とすすり泣きと、そしておそろしい、どなり声ばかりだ。こんなところでは子供たちは学問を愛するど

ころか、それを憎む以外の何物も学びはしないにちがいない。（注1）

何ともおそろしい「学校」の様子が浮かんできますが、子どもをただ無力で未熟なものととらえ、それを早く完成された大人に仕立て上げようとするならば、このようなやり方はむしろ当たり前だったのです。これに対してエラスムスは次のようにことばを続けています。

首の細い水瓶に水をそそぐとき、あんまりたくさん一どにどっと入れたら、水はほとばしってしまって中には入るまい。ところが少しずつ、いわば一滴一滴そそいでゆくなら、少しもこぼれずに、瓶は一ぱいになるにちがいない。また、幼少な子供の身体は少しずつの食物をあたえながら、しだいにその量をましてゆくことによって養われてゆくように、子供の精神も、それに適当した知識が少しずつ、いわば遊びながら提供され、しだいにその量をましてゆくことによって、うまく育てられる。（中略）

教材の選択にあたっては子供にもっとも好まれるもの、子供の共感を誘うもの——子供にとって愛すべきもの——要するに「花に満てるもの」を選んであたえるがいい。（中略）

……春に熟したぶどうの実をもとめ、秋にばらの花をもとめることが愚かしいように、教師もまた年齢相応ということに深く注意すべきである。楽しきもの、美しきものが少年時代にふさわしいものである。

……かくて、子供をしていっさいを遊びと感じさせるごとき教授がおこなわれなければならない。（注2）

人間の一生のうちには、何にもかえがたい子どもの時代というものがあるということ。そしてその時代は、「花に満てるもの」つまり「遊び」によって満たされるべきであるというエラスムスのことば。これこそ「子どもの発見」

ともいうべき新しい子ども観です。

はたしてわたしたちはいま、このエラスムスのことばを、もはや古い過去の忠告として聞き流すことができるほど子どもの時代を尊重し、そして子どもの遊びを十分に保障していると胸を張ることができるのでしょうか。

子どもたちの遊びへのエネルギーは限りなく

(2) 〈砂場〉が育てた子ども観

〈砂場〉はその歴史の中で、子どもや遊びのとらえ方に大きな影響を与えました。その第一は、なんといっても、子どもの自由で自発的な遊びの大切さ、すばらしさを大人たちに気づかせたことでしょう。

子どもというのはその内面に伸びゆく力を限りなく秘めた存在です。そしてその力というのは、子ども自身の意欲的な活動を通して初めてわき出てくるものであり、決して強制によって導かれるものではありません。

〈砂場〉は明治期において「随意遊戯」「自己活動」というものを大切にしようとした教育者たちに支持されました。また、ドイツのシュラーダー・ブライマンも子どもたちの成長へのエネルギーを〈砂場〉での自由な遊びを通してしっかりと受けとめたのです。

ただし、ここでいう「自由」というのは、子どもに対して何もせず放ったらかしにしておけばよいということではありません。このことについてたとえば、中村五六は子どもの自由遊びを奨励しながらも「之ヲ正路ニ導

使ったものは自分たちできちんと片づけることも大事な遊びの要素

クノ用意アルヲ要ス（遊びを正しく導くための準備が必要）(注3)と記していました。またシュラーダー・ブライマンも、「（子どもの砂遊びを）先生はもっぱら見ているほうがよい。しかし、それは参加しないということではない」(注4)と微妙な子どもとの関わりの大切さを述べていました。子どもたちの自発的な活動を引き出すためには、やはりそれなりの意味ある遊びの環境を整えることが大切であるということを彼らは訴えており、〈砂場〉はその課題に十分応えることのできる遊び場だったのです。

〈砂場〉による第二の貢献は、子どもは遊びを通してこそ人間としての学びを経験し成長していく存在であるということへの着目をあげることができると思います。言いかえれば、子どもの遊びというのは、社会的な存在としての人間を形成していくうえにおいて欠くことのできない様々な要素をその内に含んでいるということへの気づきです。

シュラーダー・ブライマンは、子どもには発達年齢にふさわしい形で「自由と束縛」を与えることが大切だと考え「子どもたちは砂場でのすばらしい自由を満喫するときもあれば、すぐ隣にある花壇や野菜畑で規律に従って仕事をしなければならないときもある」(注5)と述べています。

彼女は、遊びを通した精神の開放と、目的に向かった活動（仕事）における精神の集中とを、自律的にバランスをもって行うことを子どもが獲得すべき大事な能力であると考えました。そこで、遊びを遊びとしてとらえると同時に、遊びとの対立概念にあたるような態度、行動力といったものを、これまた遊びとの関係で子どもにしっかりと身につけさせようとしたのです。それはいわば、これから人間という社会的存在として生きていくうえで予想される、様々な困難や課題といったものを、子どもなりの予備的体験として学ぶことができるよう、遊びの中にその要素を含ませておくことであったように思います。

実は日本においても、たとえば『幼児教育法』の中で中村五六とともに砂遊びの大切さについて書いていた和田実は、子どもの活動はあくまでも自由な遊び的性格をもつものとしながらも、それはやがて迎える「将来に於ける厳粛なる生活」の「萌芽」を含み、そのための「用意」をするものであるという遊び観をもっていました。（注6）

子どもの遊びを単に「楽しみ」を求める行為と見るのではなく、むしろ「楽しみ」とは対立するような人間社会の様々な課題に対する解決能力を、子どもはまさに楽しい遊びを通して感じ、体験し、身につけていくという遊びのとらえ方。それは、子どもの遊びのなかに訓育的側面を見いだすものであり、いわば人間形成への関わりとの観点で遊びをとらえるものとして、やはりそれまでにはなかった遊び観の飛躍を感じるものです。

さて、〈砂場〉の歴史にみてきた子ども観・遊び観として、もう一つあげておきたいことがあります。それは、子どものことは子どもから学ぶという子ども観です。このことを大正十三年、京都真乗院のオオツカなる人物は次のように書いています。

先生も子どもといっしょになって楽しむ

終に望んで一言して置く。小生が幼稚園に於て砂場を最も神聖な場所と云ひ、砂遊に重大なる価値を置くは、只に砂場が幼児の自発活動をなすに恰好の場所であるのみならず、実に先生が子供より学ぶべき最適の絶好の場面を造るからである。(注7)

このオオツカという人物は、〈砂場〉でくりひろげられる子どもの遊びや、子ども同士が衝突する様子をじっくりとながめながらこの一文を書いています。そして、〈砂場〉は子どもの自由を認める絶好の遊び場であると同時に、まさに私(大人である教師)が子どもというものを学ぶうえで最高の場所であるということに気がついたのです。

オオツカによれば、教育とは教師が一方的に子どもを指導するものではなく、遊んでいる子どもの心に寄り添い、ときには子どもとともに夢中になって遊びに入り込むことであると言います。そのことにより教師は子どもの心を感じることが可能となり、また、それこそが保育という仕事の喜びであり、やりがいであるとも言っています。

大人が子どもから子どものことを学ぶ。それは子どもが「小さな大人」の時代には考えられもしなかった、あまりに大きな子ども観の転換といえるでしょう。

たしかにあの神戸の頌栄幼稚園の和久山会長、葺合幼稚園の竹中先生らは、〈砂場〉への着想を、まさに子どもたちから得ていたことを思い出します。あるいは、アメリカのスタンリー・ホール（Stanley Hall, 1846-1924）は、子どもの継続的な観察という方法によって新しい児童研究の扉を開きました。そしてその研究成果の一つとして、長期にわたる子どもたちの砂遊びの様子と成長の軌跡を「砂山物語」(注8)という論文におさめているのです。

こうしてみると、たいへん面白いことに、〈砂場〉は、大人が子どもの姿を学ぶことを通して生み出された遊び場でありながら、また新たに大人たちが子どもの姿を学ぶ最適な場所となっていたのです。まさに二重の意味で〈砂場〉は「子どもを見つめ、子どもに学ぶ」ことの大切さを示してくれたのでした。

(3) 〈砂場〉が消えゆく時代の子ども観

以上、〈砂場〉の歴史を通して見ることができた子ども観・遊び観というものを振り返ってみました。一方、今日のように〈砂場〉が消えゆく時代というのは、この〈砂場〉の歴史を通して培われてきた子ども観、遊び観というものが、徐々に人々の心から失われ始めている時代なのかもしれません。

つまり、子どもが自由に自分の意志で遊ぶということは、もはやあまり許されることではないようです。また、失敗や痛みを通して学ぶことも、決してお薦めできることではありません。それよりも、絵カードやビデオなどを使えば、汚れることも、けんかやけがをすることもなく、無駄が省け、たいへん効率的にことがらが進められるので、とてもいいようです。そして、なによりも大人たちは、子どものことはすべてお見通しであり、自分の思い通りに子どもを動かすことが最善であると考えるのです。

近年は子どもの数が少なくなり、それとは反比例するかのように一人ひとりの子どもに対する期待や教育の役割は

これまで以上に大きくなっています。子どもが少なくなった分、決して子育てに「失敗」は許されず、子どもの「出来不出来」はとりもなおさず親自身の評価として見なされる風潮が強まっているようです。そして、親は子どもに対する干渉、遊びに対する口出しをますます強めていく……。

でも、本当にこれでいいのでしょうか。子どもたちは幸せなのでしょうか。何のことはない、それは古い子ども観、遊び観に立ち戻ることではないのでしょうか。子どもたちから、かけがえのない子ども時代を奪ってしまったなら、一体あとには何が残るのでしょう。

いまこそ、エラスムスのことばにもう一度耳を傾けてみたいと思います。いま必要なことは、子どもの世界を「花で満てるもの」にしていくこと。つまり子どもたちに、われを忘れて遊びに没頭する時間と空間を取り戻させること。そのために、われわれ大人たちは、もう一度、子どもにとっての遊びの意味を考えなおすことが強く求められているように思います。

その第一歩として、〈砂場〉で遊ぶ子どもたちの姿を、一緒に見つめることから始めてみようではありませんか。

[注]

1 梅根悟『世界教育史』新評論、一九六七年、一七〇～一七一ページより引用

2 同右、一七二ページ

3 中村五六『幼稚園摘葉』(『明治保育文献集』第八巻。六八ページ)

4 シュラーダー・ブライマン「ペスタロッチ・フレーベル・ハウス協会新聞」一八八九年四月、九号(本書第三章)

5 同右

6 中村五六・和田実『幼児教育』(『明治保育文献集』第十巻)

7 オオツカ「砂場自由遊」『復刻・幼児の教育』第二十四巻七号、二五六～二五七ページ

8 スタンリー・ホール「砂山物語」(岸本弘訳『子どもの心理と教育』明治図書、一九六八年所収)

あとがき

〈砂場〉に関心を持ちはじめてから、はや十二年が経過しました。この間〈砂場〉は全国的にその数を減らし、多くの子どもたちが砂遊びの機会を失いました。一刻も早く〈砂場〉の大切さを訴えなければ……。焦りにも似たような思いでいっぱいでしたが、遅まきながらようやく念願がかなうことになりました。この本が〈砂場〉を見直すきっかけとなり、子どもたちの砂遊びが豊かに保障されていくことを心から願うものです。

本のおわりにあたって、この仕事を通してわたしが経験した四つの貴重な「出会い」について触れたいと思います。

まず最初は、何といっても〈砂場〉という遊び場との出会いです。すでに「はじめに」でも書いたように、わたしはわが子の遊ぶ姿を見てはじめてこの遊び場のすごさを感じました。そしてもしこのときの感動がなければ、わたしはその後けっして十年以上も〈砂場〉のことを追い続けることはなかったと思います。当たり前と見過ごされがちなものの中に、いろいろな人々の思いや期待、「意味」が潜んでいたということを、わたしは〈砂場〉の歴史から学ぶことができました。すばらしい「もの」との出会いができたこと、そしてその出会いのきっかけをつくってくれた娘、幸恵に感謝します。

二つ目は、いろいろな歴史的な人物との「出会い」です。とくに〈砂場〉の歴史を通してわたしは、子どもたちへの暖かいまなざしをもった多くの人々と出会うことができました。その中には、たとえばザクルシェフスカやアダムスというような、わたしの専門分野（幼児教育）だけに閉じこもっていては、けっして出会うことのなかった人たちがいます。

また、もう一方で、はじめてわたしはフレーベルという人物をぐっと身近に感じることもできました。学生時代、フレーベルの書物など効果的な眠り薬以外の何物でもなかったわたしでしたが、いまこそ彼の思いや悩み、喜びや悲しみについて、その何十分の一かではあるでしょうが、共感をもって受けとめることができたのです。他にも中村五六、末田ます、シュラーダー・ブライマン、カール・ゲゼル、フリートナー……、数えあげればきりがありませんが、このような歴史上の人物たちが〈砂場〉の歴史のなかでは実に生き生きとした姿を見せてくれたことも、わたしにとってすばらしく貴重な経験でした（本書ではこれらの人物の写真や図をできるだけ探して入れるようにしましたが、それもこのような理由からです）。

三つ目は、多くの文献、史・資料、写真等、あるいは歴史的な場所との出会いです。その多くは苦労に苦労を重ねた結果ようやく訪ね当てることができたものでした。途中、何度いやになってやめようと思ったことか知れません。しかし、たとえばパーメンター・ストリート20番地の訪問や、「キンダーガルテン・マガジン」誌の写真を見つけたときの鳥肌が立つような興奮はけっして忘れることができません。ライプチヒの古書店で見つけた百年前の本、OMEP（世界幼児保育・教育機構）の前総裁エヴァ・バルケ（Eva Balke）さんとたまたま話したことがきっかけとなって送っていただいた「ペスタロッチ・フレーベル・ハウス」の協会新聞……。これもまた枚挙にいとまがありませんが、その一つ一つがわたしの本の骨となり血肉となりました。

わたしはこのような歴史的な文書や資料に触れるたび、その記録の存在を心から感謝せずにはいられませんでした。それはまたその記録を残してくれた先人への感謝にほかなりませんが、すぐに経過する時間の中に生きている人間が、その瞬間瞬間について書き、写し、記録することで、その「時」をいわば半永久的に後生に伝え、残していくという行為。これもまた人間の当たり前の行為のようであり、実はたいへん貴重な文化蓄積の営みといえるでしょう。そのことのすごさをわたしはつくづく感じさせられました。また一方で、わたし自身のこの本も、今という瞬間の到達点として残っていくものだと考えます。もちろん、もしかすると将来、新たな史料発見のもとに、この本は見直されていくかもしれません。しかし、文化蓄積の一端を担ったというその意義はけっして変わることはないと思います。

ところで、本田和子氏（お茶の水女子大学）はかつて、幼い子どもの日常的保育事象と、それにまつわる人々の考えや試みに関する歴史的考察を「保育文化史研究」と呼んで次のように述べました。

保育文化史の研究は、保育学諸分野の中でも、とりわけ、停滞の著しい分野であると考えられる。従来、それは保育制度史や児童文学史の一部として、ささやかな片鱗を見せるにとどまり、保育文化そのもの、つまり、子どもの生を支える文化事象、及び、それに注がれるまなざしのありようを、過去という時間の中から浮かび上がらせる種類の研究は、極めて稀であったと言えよう。（「保育文化史資料論（1）」日本保育学会第三十四回大会研究論文集、一九八一）

わたしは、〈砂場〉の歴史追求を「ささやかな片鱗」しか見せていないという「保育文化史研究」の一試みとして位置づけ、新たな保育史の一断面を切り開くことを目指しました。そしていま、ここに述べてきたような「出会い」を通して、このアプローチのおもしろさと意義をつくづく感じているところです。歴史研究を決して過去の懐古趣味で終わらせるのではなく、これからの時代を切り開くための方針や具体的方策を見つけだす強力な力として、今後もその可能性を探っていきたいと思います。

そして、いよいよもう一つ、四つ目の出会いです。それはわたしの研究と〈砂場〉の本づくりにおいて協力、助言、励ましをいただいた多くの方々です。本文等の中で触れることができた、石井光恵氏、佐藤昌氏、更井良夫氏、広瀬毅彦氏、エヴァ・バルケ氏には改めて御礼申し上げます。

また、次の幼稚園、保育園には写真撮影の許可および貴重な示唆を多くいただきました。記して感謝いたします。

豊島区東池袋第一保育園、
岡山市立深柢幼稚園、
岡山博愛保育園、
日本女子大学附属豊明幼稚園、
市川自然幼稚園、
釧路わかくさ保育園、
釧路明照幼稚園、
釧路豊川幼稚園、
釧路短期大学附属幼稚園、
阿寒町立阿寒幼稚園、
札幌自由の森幼稚園。

他にも、岩崎次男氏（埼玉大学当時）にはドイツの幼児教育に関する文献資料の提供と助言を、大谷宇一氏（福島県立磐城高校時代の恩師で当時ボン大学に留学中）および大木文雄氏（北海道教育大学釧路校）からは、ドイツ語翻訳の指導をいただきました。また、汐見稔幸氏には東京大学への内地留学（一九九六年度）の際、充実した研究環境を整えていただき、さらに本書への身にあまる推薦のことばをいただきました。

また、砂場環境研究会事務局の角田明氏（システム開発研究会）からは貴重な写真の提供と助言を、小田切毅一氏（奈良女子大学）からも貴重な写真の提供をいただき、同僚の北澤一利氏は、わたしが撮り損なったアメリカの〈砂場〉の写真を、彼の地ボストン留学中に接写送付して下さいました。さらに同僚の明神もと子氏、諫山邦子氏には貴重な研究機会を保障していただき、大学院生の斉藤春恵氏、古野智佳子氏にも原稿の校正作業をお願いしました。ほんとうにありがとうございました。

さらに、出版にあたっては、隈千夏氏（当時東洋館出版社、現在美術出版社）の強い後押しこそがこの本誕生の契機となりました。そして東洋館出版社編集部の栁沼希世子氏には、辛抱強くきめ細かな編集作業をしていただきました。とくに彼女にとっては出産、育児というたいへんな時期にもかかわらずご尽力いただだいたこと、感謝のことばもありません。

最後に、栁沼さんの赤ちゃん健造くんをはじめとして、多くの子どもたちが〈砂場〉での楽しい遊びと出会えることを強く願いながら、もう一度、次のことばをもって稿を閉じることにします。

「砂まみれ、泥だらけで遊ぶのは、子ども時代の特権である」
（ケイト・ガネット・ウェルズ）

二〇〇一年九月二十五日

笠間　浩幸

ま

や

ら

わ

索　引

あ

か

さ

■著者紹介

笠間　浩幸（かさま　ひろゆき）
1958年生まれ。
北海道教育大学卒業。大阪教育大学大学院教育学研究科修了。北海道教育大学助教授を経て2004年より同志社女子大学教授。
主な著書と活動／
『教師の〈体験〉活動』（共著、東洋館出版社、1998）、『Education, Social Justice and Inter-agency Working』（共著、Routledge, 2001）、『保育者論』（共編著、北大路書房、2003）、『Gender in Japanese Preschool』（共著、Hampton Press、2003）
日本保育学会、日本子ども学会、こども環境学会、IPA（子どもの遊ぶ権利のための国際協会）、他

〈砂場〉と子ども

2001年10月25日　初　版第1刷発行
2007年4月15日　初　版第4刷発行
2022年4月8日　第2版第4刷発行

著　者 —— 笠間　浩幸
発行者 —— 錦織圭之介
発行所 —— ㈱東洋館出版社

〒113-0021 東京都文京区本駒込5-16-7
Tel/03-3823-9206　Fax/03-3823-9208
URL : https://www.toyokan.co.jp
振替 00180-7-96823

印刷・製本 —— 奥村印刷株式会社
ISBN978-4-491-01746-4

東洋館出版社刊

新しい時代を拓く幼児教育学入門
―幼児期にふさわしい教育の実現を求めて―

小田 豊 著　A5判　本体二二〇〇円

▼なぜ幼稚園教育要領の改訂が、小・中学校での「学級崩壊」を引き起こしたという誤解を生んだのか？　本書はその誤解を解き、新しい幼稚園教育要領の基本を通して、幼児教育がめざす方向と幼児期の人間関係のとらえ方、保育の展開について詳述し、豊富な示唆を提供します。

幼児の生活と数・量・形
―幼児理解のありようを学ぶ―

栗田敦子 著　A5判　本体一九〇〇円

▼幼児の日常生活の中の数量形にかかわる内容やそれを言い表す言葉を切り口に、その認識を年齢に応じた感覚が育つよう知的発達を促すための視点と、実際の幼児の会話を通して、幼児理解のポイントをわかりやすく解説します。

保育内容指導法（領域「環境」）

藤田輝夫 著　A5判　本体二二〇〇円

▼幼児教育は、幼児の主体性を引き出すための「環境」の設定が不可欠です。本書は、それらの方法について詳述します。短大・大学での保育内容指導法のテキストとしても最適です。

誕生から小学校低学年にかけて
乳幼児の発達にふさわしい教育実践
―21世紀の乳幼児教育プログラムへの挑戦―

全米乳幼児教育協会他 編
白川蓉子・小田豊 日本語版監修　A5判　本体四〇〇〇円
DAP研究会 訳

▼現在、全米の乳幼児を対象に、家庭、公私立小学校の低学年、幼稚園、その他の保育施設等の教育保育の実践にひろく適用されている本書は、日本でも幼児教育保育のプログラムの開発と、教師、保育者、保護者の子育てへの理解と発達の支援者としての資質向上に大いなる示唆を与える。全米で50万部、待望の初翻訳出版！